明
室
Lucida

照亮阅读的人

WORD

语言恶女

女性如何夺回语言

A Feminist Guide to Taking Back the English Language

by　Amanda Montell

〔美〕阿曼达·蒙特尔 —— 著

李辛 —— 译

SLUT

北京联合出版公司
Beijing United Publishing Co.,Ltd.

献给 B、C 和 D

也深切怀念 E ♥

目 录

第〇章　来见见社会语言学家吧

酷飒的女性主义者们在聊什么？

当我说"bitch"（母狗；贱人，婊子）时，你会想到什么？让我猜猜，是跟你高中同校的那个女生吗？她鼻子小小的，用布兰妮·斯皮尔斯的同款香水，还从来不邀请你去她家开派对。不是吗？那这个词可能会让你联想到你以前的老板、室友，或者某个著名的女反派，比如库伊拉·德·维尔[*]，那个杀狗的邪恶混蛋。也许你也会立刻想到凯莉安妮·康韦[†]的脸，仿佛一个突然从地狱蹦出来的小丑。又或者，它的字面意思会让你想到一只母狗。但不管是什么物种，总能有多种办法让一个雌性生物

---

[*]　Cruella de Vil，迪士尼动画电影《101 忠狗》中的大反派，2021 年迪士尼推出其外传电影《黑白魔女库伊拉》（*Cruella*）。——译注（本书无特殊标注的脚注皆为原书注）

[†]　Kellyanne Conway，2016 年担任唐纳德·特朗普的竞选经理，成为美国历史上第一位操盘总统选战并胜利的女性，同年被指定为总统顾问。她身陷一系列争议，包括编造"鲍灵格林屠杀"（Bowling Green massacre）等。——译注

变成"bitch"。

可是如果我告诉你，800 年以前"bitch"这个词与女人和狗没有任何关系，你会怎么想？那如果我告诉你，在现代英语出现之前，"bitch"最初实际上只是"genitalia"（生殖器）——任何人的生殖器——的另一个代称呢？在经过漫长而多变的演化之后，它才被用来形容雌性野兽，然后自然而然地演变出了现在的意思：专横、邪恶、不"赏心悦目"的女士。如果我告诉你，在英语中，一个完全中性甚至褒义的单词演变成对女性的侮辱的过程一直在进行着，你又会作何感想？我还要告诉你，我们所说的几乎每一个词的表层之下，都有一段丰富、迷人，有时甚至是暴力的历史，比任何迪士尼电影或 CNN 辩论都要戏剧化得多。如果我告诉你，语言正在不知不觉中，以一种惊人的、肮脏下流的，但十分迷人的方式影响着我们所有人的生活，你又会作何感想？

坐稳了我亲爱的读者们，这本书即将为你呈现藏在英语背后的那片迷幻宇宙。语言是我们很多人习以为常的东西，这是当然，毕竟我们一出子宫就开始学习语言了——真的，我们六星期大的时候已经在尝试发一些元音——从那时起，我们便如此自然地使用语言，以至于我们从来没有真正考虑过说这样那样的话究竟意味着什么。从小到大，我都不知道有这么一个学术领域专门研究语言运作的每一个微小细节，从发 r 音时你的舌头应该怎么卷怎么放，到为什么美国人这么喜欢英国口音*。

---

* 顺便一提，这与对异国情调的迷恋，以及殖民地国家对自己宗主国的（转下页）

但是我们讲话的每一部分——我们的用词、语调、句子结构——都在向别人传递着隐形信号，告诉他们我们是什么样的人、应该如何对待我们。如果使用不当，语言就会变成武器；如果使用得当，语言就能改变世界。这听起来可能有点耸人听闻，但我保证一点都不夸张。加州大学圣巴巴拉分校的语言学家拉尔·齐曼（Lal Zimman）告诉我，我们文化中最大的误区之一，就是认为语言的作用远不如其他更具体的自由实现形式和压迫手段那么大，如同那句老话所说，棍棒和石头能打断你的骨头，但是言语永远伤不到你。"人们需要明白语言本身就是一种手段，它可以使人受到伤害、感到欢欣鼓舞，也能使人得到重视和尊重。这真的非常重要。"齐曼说道。

齐曼是一名语言学家，我为写这本书而采访的大多数其他词汇专家也是。语言学家这个职业经常被误解，并不是你学会几十门外语就是语言学家，他们也不会热衷于纠正人们用错的分裂不定式＊。事实上，语言学是研究语言在现实世界中如何运作的科学。其中一个领域是社会语言学，是语言研究和人类社会学的交叉领域。其实就在不久之前（大约在 20 世纪 70 年代），语言学家才首次开始研究人类如何将语言作为一种社会工具来团结他人、建立关系和维护权威等。在所有研究主题当中，最令人大开眼界且最具争议的无疑是语言和性别的关系，即人们如何使用语言来表达性别，性别如何影响一个人的说话

（接上页）"恋母情结"有关。如果火星人在金星上建立殖民地，你几乎可以确信金星人会觉得火星口音超级性感。

＊ split infinitive，指副词插在 to 和原形动词之间形成的语法结构。——译注

方式，以及他们的话语如何被听者感知理解。语言学家经过几十年的探索发现，从最微小的声音单位到最广泛的会话类别，语言的几乎每一个角落都与性别有关。而且由于在很多文化中，性别都与权力直接相关，所以语言也必然如此，只是我们大多数人都意识不到罢了。

说到权力，你可能听说过，也可能没听说过一个词，"父权制"，也就是一种以男性为中心的社会结构。人类社会并非一直都是父权制的，学者们认为父权统治始于公元前4000年左右——作为参照，智人已经在地球上存在了20万年。当人们谈论"粉碎父权制"时，他们的意思是从语言上和其他方面挑战这个压迫性的系统。这与我们每个人息息相关，因为在西方文化中，父权统治已经存在过久、令人厌弃了。

现在是时候让性别和词汇的话题超越学术界，进入我们的日常对话了。因为人们发现，21世纪的美国处在一个独特而动荡的语言环境中。每一天，人们比以往任何时候都更自由地表达各种性别认同和性取向，与此同时，我们用来描述自己的语言也在随之演化。这很有趣也很重要，但对一些人来说这一切可能很难理解，也许会让一个原本良善的人感到困惑并开始戒备。

我们也生活在这样一个时代：我们发现受人尊敬的媒体和公众人物传播着对女性声音的批评，比如批评她们说话太夸张，过于频繁地使用"like"（好像；嗯）和"literally"（字面上；确实；简直）这样的词，还批评她们过度道歉。他们大肆宣扬类似的针对女性声音的批评，声称这些都是"女性主义建议"（但其实是伪女性主义的），旨在帮助女性说话时听起来"更权威"，这样她们就能够"被更认真地对待"。他们似乎没有意识到，他们的批评根本没有任何客观的、符合逻辑的道理，他们的出发点仅仅是女人说话听起来不像中年白人男性。他们实际上在迫使女性处于一种自我质疑的状态，好让她们闭嘴。

更恼人的是，还有很多人——往往是一些社会特权阶层——不惜一切代价阻止语言的演化。这群脾气暴躁的人声称不区分性别的词汇不符合语法，他们拒绝了解生理性别（sex）和社会性别（gender）之间的区别，还抱怨凭什么随口说说"slut"（荡妇）这个词就要被指责性别歧视，他们在美好的旧时代可没被指责过。这些人意识到了自己身份之下的语言根基在剧烈颤抖、变化，自然就把气泡音*和无性别人称代词等语言现象视为不祥之兆，并且威胁着他们在世界上的统治地位，令他们毛骨悚然。因此他们固执己见，寄希望于如果他们能阻止所熟知的英语发生变化——任何语言学家都会告诉你这是徒劳——他们就能保住自己的特权社会等级并继续从中受益。

我们生活在一个很多人对英语感到不知所措、哑口无言的时代。但情况不是必然如此，我们可以收复英语，这本书将向你展示如何做到这一点。

但是首先，我们需要了解相关历史。因为如果我们不知道许多说法是从哪里来的，收复英语就无从开始。你得先知道病因

---

* vocal fry，声带振动的最初状态，发出的声音属于最低声区。2014 年美国的一项全国性调查指出，含有气泡音的话语令人感觉更负面，在工作情境下尤其明显，年轻女性使用气泡音会让人感觉能力较差、可信度较低、吸引力较低且不太值得雇用。——译注

才能对症下药，对吧？好消息是，英语并不是由一群穿着长袍坐在房间里制定规则的白人男性发明的——虽然有时情况的确如此，比如法语，稍后会详细讨论。语言基本上不可能一经发明就永恒不变，相反，语言一直经历着持续不断的自然演化。

为了让我们一起开始这段语言之旅，请允许我简要介绍一下英语是如何诞生的。

公元 5 世纪，来自斯堪的纳维亚半岛的三个日耳曼部落，盎格鲁人、撒克逊人和朱特人突然出现在英伦三岛——他们的登岛行为也许十分友善，也许十分暴力，历史学家们并不完全确定；但从他们携带的锋利的金属武器来判断，我倾向于相信是后者。这些部落说的语言是"古英语"（Englisc），听起来有点像《魔戒》里食人妖的语言，有很多卷舌 r 音、暗元音 *，以及低沉的、像含着痰一样的辅音。这种语言，连同几个世纪后来到不列颠的维京人所说的北日耳曼语一起，将原有的凯尔特语挤到了边缘。仅存的一点点凯尔特语和这几种外来语言结合在一起，最终形成了我们所知的古英语。这个过程在今天很难理解，除非你是一个古英语学者，如果你正好是的话——你好，书呆子，欢迎来读我的书。

古英语在不列颠一直使用到公元 1066 年，那时诺曼底公爵——又名征服者威廉，即一个长着灰色胡子、戴着镶满宝石的皇冠、让人害怕的矮个男人——入侵英国，屠杀了一大群人，并带来了一种早期法语。在随后的几百年里，英国出现了一种语言

---

* dark vowel，也称"后元音""深元音"，指由舌面后部抬起而构成的一类元音。——译注

上的阶级分化，即穷人说英语，富人说法语。但随后黑死病席卷而过，杀死了大约三分之一的人。这使得工人阶级对国家的经济更加重要，到了 14 世纪，英语再次成为英国的主导语言。但那时，深受法语影响的英语已经演变成一种新的语言形式，被称为中世纪英语，你可能在乔叟的《坎特伯雷故事集》中看到过以缠绕的字型呈现的中世纪英语。

几百年过去了，一种被称为"元音大转移"（the Great Vowel Shift）的语言现象开始了。在不到一个世纪的时间里，英语元音明显变短——事实上，它们仍然处于变短的过程中——单词结尾的 e 变得不发音，英语的发音整体上发生了巨大的变化。另外，到了 16 世纪，得益于航海技术的进步，英国人开始与世界各地不同的人和语言打交道，这个过程也影响了英语的发展。还有欧洲的文艺复兴运动，在此期间，人们对教育的渴望再次高涨，封建制度开始衰落，新技术新发明的出现，尤其是对语言而言最重要的印刷机的发明，都推动了英语的演变。

印刷出版起到了相当重要的作用，这种大规模生产报纸和书籍的时髦新技术不但促进了识字率的提高，而且反过来创造了"语言需要标准化以便于印刷出版"的新需求。因此，英语的拼写和语法都得到了简化，最终，伦敦英语——伦敦是大多数出版企业的总部所在地——成了英语的标准形式。第一部英语词典也依照这种标准英语形式，于 1604 年编撰出版，当时它只包含了 2449 个单词；作为对比，《韦氏第三版新国际英语大词典》，包括补编在内，拥有多达 47 万个词条。

大约也是在 17 世纪初的这个时候，北美掀起了殖民潮，美国的英语方言也由此吸收了法国和西班牙的殖民者，以及西非奴隶贸易所带来的影响。然后工业革命开始，随着新事物和新思想的产生——从蒸汽机、炸药、疫苗到计算机和互联网——大量新词进入了词典。短短几百年内，现代美国英语就诞生了。

你可能注意到了，也可能没有：以上事件中的大多数主角都是男性——军人、贵族、商人和劳工、印刷工人、词典编纂者、制造业从业者和技术人员。因为在我们生活的这个社会，从历史角度看，女性想做一些很酷的事情并不容易，在定义世界这件事情上她们很难拥有话语权。（尽管事实证明，从细节到整体，女性确实对语言的演变产生了巨大的影响，这是一种独特的力量，我们接下来就会谈到。）

语言和文化之间的联系是不可分割的，语言一直并将继续被用来反映和强化权力结构和社会规范。因为老白男统治我们的文化太久了，而语言又是创造文化和进行交流的媒介，所以是时候在这些事情上发起挑战了：我们如何与为何以现有的方式使用语言？以及我们使用这些语言的本意是什么？也就是要质疑一下我们每天所说的话，以及我们说这些话的语境，因为如果不假思索、下意识地使用一些简单的词，比如称呼语或脏话，很可能就是在强化一个我们本身并不认同的权力结构。

我问牛津大学的女性主义语言学家、我心中的偶像德博拉·卡梅伦*，英语到底是如何变得如此充满性别歧视的，它原

---

*　Deborah Cameron，英国女性主义语言学家，著有《火星与金星之谜：男人和女人真的无法互相理解吗？》(*The Myth of Mars and Venus: Do Men and Women Really Speak Different Languages?*) 一书。——译注

本就是这样的吗？幸运的是，卡梅伦认为英语的 DNA（元音和辅音）中并不包含性别偏见，但英语的惯常使用方式"表达（并再生产）了文化中一些根深蒂固的性别歧视的假设"。这意味着，好消息是英语对女性和非二元性别者并没有"天生"的偏见；但坏消息是，英语的使用者集体同意以一种强化现有性别偏见的方式使用它，而这种方式往往是他们自己都没有意识到的。

　　偏见在语言中的表现方式极其隐秘，其中之一就是我们的语言还有文化会默认将男性视为普适的人类。这种思维在我们随后要探讨的无数语境中都有所体现，现在我们可以先思考一下这个问题：大部分时候，"man"（男人）和"person"（人）在英语中是同义词。"例如，如果有人以'I saw this person the other day...'（我前几天见过这个人）作为故事的开头，那么听故事的人通常会把这个没有修饰语的'person'理解为一个……中产阶级白人男性，直到下文明确标示并非如此。"匹兹堡大学研究语言和男性气质的学者斯科特·基斯林（Scott Kiesling）如是说，"男性所使用的语言通常也是用于评判其他群体语言的无形对照标准。"

　　以上现象的核心是一种普遍假设，即许多受人尊敬的职业从业者——外科医生＊、科学家、律师、作家、演员（甚至是非人

＊　也许你听过这个女性主义脑筋急转弯：一个小男孩和他的父亲遭遇车祸，父亲在车祸中丧生，小男孩被迅速送到医院并准备紧急手术。外科医生走进手术室，一看就说："我不能给他做手术——那是我儿子。"这是怎么回事？这种情况让很多人疑惑不解，觉得男孩的父亲不是已经死了吗，怎么还能去给他儿子做手术？只有少数几个人得出结论，说那位外科医生实际上是小男孩的母亲。啊，多么罕见的、奇异的"女"外科医生。

类演员[*]）——都是男性，除非另作证明。这种先入为主的微妙偏见，就反映在"女医生"或"女科学家"这类称呼上，暗示着这些职位天生就是男性的，而"模特""护士""卖淫者"则默认都是女性。

另一个类似的情况是，"man"这个词出现在我们认为属于女孩的词之前："manbun"（男士发髻）、"manbag"（男士手袋）、"guyliner"（男士眼线笔）[†]。这些词朗朗上口，但它们本质上所强调的观点是：化妆品和手袋等物品是女性专用的，因此让人觉得轻佻无用，如果商家希望吸引男性使用这些产品——而不是让它们在仓库吃灰——就必须以一种具有男子气概的方式重新包装它们。同理，像"mompreneur"（"妈妈"企业家）[‡]、"SHE-EO"（女CEO）和"girlboss"（女强人）这样的词表明，"entrepreneur"（企

---

* 我之所以提到"非人类"，是因为当人们与动物互动时，默认男性的思维会在不知不觉中被表达出来。卡梅伦说："去动物园，你会听到几十个父母在和孩子说话时，自动把任何一个动物随机称为'他'。"她甚至观察到明显是雌性的动物，比如没有鬃毛的狮子，也被冠上了"他"。

† "guyliner"（译按：男士眼线笔，与眼线笔"eyeliner"谐音）、"mansplain"（译按：男言之瘾、男性说教，意指男性以居高临下的姿态向女性说教或解释女性已知的事物，且认定女性所知甚少，或不把女性的见解当回事）、"shero"（译按：英雌，与英雄"hero"相对）、"dykon"（译按：同志偶像，来自女同志偶像"dyke icon"，专门形容受女同性恋群体喜爱的艺人）、"bromance"（兄弟情谊）和"fratriarchy"（译按：兄弟权制，指由男性之间的兄弟网络统治的权力结构）等词，只是包含在语言和性别词汇中，诸多令人难忘的合并词（portmanteau）中的一小部分。顺便说一下，合并词是一种文字游戏，将多个单词的发音混合在一起，产生一个有趣的混合体。不要把合并词与双关语（pun）混淆，双关是利用两个听起来相同，但是意思不同的单词，比如："You can tune a guitar, but you can't tuna fish. Unless, of course, you play bass!"（你可以为吉他调音，但你不能为金枪鱼调音。当然，除非你会玩贝斯／海鲈鱼！）

‡ 指既是企业家，同时也是一名母亲的女性。——译注

业家）和 CEO 实际上不是性别中立的词，而是被默认为"男性"的。这类词的存在也说明，当一名女性在商界努力奋斗时，我们会忍不住使她们的头衔听上去更娇媚可爱。"mompreneur"似乎象征着闪闪发光的女性力量，它当然也是社交媒体上很好用的一个话题标签，但在实践中，像这样的词语非但不能消除语言中隐含的性别歧视，反而强化了歧视。

性别先行的思维也印刻在庞大的针对女性的性化词汇中，比如"ho"（妓女）、"tramp"（淫妇）、"skank"（粗鄙丑女，心机婊）——详见第一章的内容——而这些词全都没有与之对应的男性版本。即便是那些褒义的强性别倾向的语言也会影响我们对自己的看法，只需想想我们小时候听到的基于性别的夸赞就知道了。"对小男孩的赞美通常是'smart'（伶俐）、'clever'（聪明）这样的词，"卡梅伦说道，"而对小女孩，人们大多会夸她们'pretty'（漂亮）、'cute'（可爱）。"这种模式是如此根深蒂固，我甚至发现自己在夸我的两只猫时也说了同样的话："good boy"（好小伙）和"pretty girl"（漂亮姑娘）。这种用词差异往往会影响孩子们对自己的看法，而且会持续许多年——当然，这样叫猫大概不会对它们有什么影响。

显而易见，性别偏见一直存在于语言中，但直到现在，英语文化才意识到应该进行语言革命了，这是因为我们拥有了前所未有的翔实语言数据，以及我们对于探究以下问题产生了空前的情感动力：我们谈论性别时有什么具体的不同之处？我们在感知男性、女性和非二元性别者的言语时又有什么显著差异？

物理学和地质学研究已经有数百年的历史，与之相比，对语言和性别的研究是全新的，在 20 世纪 70 年代之前，关于该主题根本没有任何论著和实验数据。这一研究领域的兴起恰逢第二波女性主义运动，当时在政治上亟须理解英语中隐藏的性别歧视。那时，几乎社会语言学领域里的所有人，都想谈谈人们每天是如何使用语言来创造和反映他们的性别的。这些问题之前从来没有被正式分析过，而语言学家们在过去的研究中也犯了很多错误，因此学者们有大量的问题需要解决。但到了 20 世纪 80 年代末 90 年代初，主流文化逐渐认为女性的权利问题不再具有紧迫性，许多研究也随之被淡化——尽管女性主义理论研究在学术界不再流行，但幸运的是仍然有许多少数族裔学者在该领域取得了长足的进步，比如金伯利·克伦肖（Kimberlé Crenshaw），她在 1989 年提出了"交叉性"*的概念——总的来说，语言和性别的研究受到了阻碍，停滞不前。

直到 21 世纪第一个十年中期，随着对性别谱系和性别平等的兴趣重新涌入我们的头脑，普通人和语言学家才再次提出如下问题：一个男律师在法庭上叫他的女同事"亲爱的"算是性骚扰吗？"slut"这个词可以去污名化地使用吗？女性比男性更频繁地道歉吗？假如的确是这样，那这是件坏事吗？

讲英语的人比以往任何时候都更渴望得到这些答案，这给了语言学家新的机会来收集数据，并纠正许多人仍然抱有的关于"男性和女性如何使用语言"的错误看法。是时候让他们的研究

---

* intersectionality \ˌin-tər-ˌsek-shə-ˈna-lə-tē\：一种复杂的、综合的歧视形式，其中融合交叠了多种歧视类别，比如种族主义、性别歧视和阶级歧视等，尤其多发生在被边缘化的个人或群体身上（《韦氏词典》，2018 年 11 月 10 日访问）。

超越教室和学术期刊的限制，走向我们的会议室、早午餐桌和议员的办公桌了，因为这些发现能在推动性别平等的运动中起到非常重要的作用。

这批新研究中最令人兴奋的新观念之一是，女性所拥有的隐秘而强大的语言特质武器库——尽管这些特质受到了严重误解——是当今世界迫切需要的。（她们睿智的"武器"包括更快地适应语言变化的倾向，以及提出利于团结的问题的能力。）深入当代女性主义语言学家的研究成果之后，我们就会明白日常语言是如何影响我们的社会结构和文化的，而这将帮助我们把语言从阻止我们插话的力量中收复回来。

我写这本书的目的就在于此。

我不打算在这几页过多谈论自己，但我想简略地告诉你们我是如何对语言和性别研究一见钟情的。这要从我还不懂语言学的时候说起，那时我还只是在马里兰州巴尔的摩长大的一个健谈的孩子。我的父母都是约翰斯·霍普金斯大学医学院的生物学家，性情温和，他们说我还没到三岁，就已经是他们见过的最话痨的人了。我从小就对语言着迷：为什么说某种方言或外语会完全改变别人对你的看法？单词在一个人的脑海中怎么会有无数种不同的组合方式，从而能描绘出不同的画面呢？——比如你说"recalcitrant"（倔强）或是"stubborn"（固执），会激起听者不同的情绪反应。前者"敢于"使用冗长的音节，并且将发硬音和发软音的字母 c 灵活地组合在一起；而后者总是让人联想起某个顽固不化、不断受挫的蠢货。我的父母在我十岁生日时送了我一本同义词词典，它一直是我最喜欢的礼物。

后来我上了大学，从基础入门课开始修语言学课程，你可以想象，当突然有一屋子的人和我一样，都迫切地想知道为什么我们会这样说话时，我有多高兴。在我上过的所有课程中，最令我着迷的是一门叫作"性、性别与语言"的课。事实上，在2011年我在纽约大学注册系统上发现这门课之前，我从来没有想过性别与我们说话的方式有任何关系——尽管在上学前班的时候，我曾表示我应该成为整出班级戏剧的导演，而不是演一个叫丹尼·奥尔特曼的小角色，然后我就被不可挽回地贴上了"bossy"（专横）的标签。当然，最后我成功当上了导演，而且这出戏大获成功，但它使我背上了"苛刻女·蒙特尔"*的绰号，直到上中学我才摆脱了它。另外，多年来，我的谈吐也一直受到老师和职场主管的斥责，他们认为我说话声音太大，"like"说得太多，更不用说他们十分厌恶我喜欢说脏话，认为这是不成熟的表现。但当时我想，或者至少是希望，所有这一切并不是因为我是一个女孩，而是因为我说话的音量超乎寻常地高。毕竟，我过去是，现在仍然是一个"喋喋不休"的女孩。

　　在大学里的社会语言学课上，我开始了解到英语中隐藏的一些微妙的性别刻板印象，比如"penetration"（插入）这个词是如何暗示并强化"性是从男性的角度出发，以男性为主体的"这一观点的，即性被定义为男人对女人所做的事。与之相反的词可能是"envelopment"（包住）或"enclosure"（包裹，包围）。你

---

*　原文是"Demand-a Montell"，与作者的名字"Amanda Montell"谐音。——译注

能想象如果我们用这类词来形容性，那生活将会多么不同吗？如果在任何特定的性场景中，语言都把女人定性为主导者（主体），这是否意味着女性的性高潮会取代男性的性高潮，成为性生活公认的终极目标？这类问题让我震惊。

没过多久，我就意识到语言学专业的学生并不是唯一应该学习这些思想的人。显而易见，语言是现代性别平等运动的下一个前沿阵地，我们需要让世界看到这一点。

在接下来的章节中，我们将了解到以下内容，比如在你最常说的骂人脏话中隐藏着的性别歧视；为什么说话带有气泡音、喜欢说"like"实际上代表着语言悟性高；街头混混对陌生女性吹下流口哨、大喊"嘿，辣妹！"的时候，他们脑子里到底在想什么。我们还会讨论，为什么以一种更具性别包容性的方式说话很酷，而居高临下、爱纠正别人语法的家伙逊爆了；为什么"男同性恋声音"会得到关注，而"女同性恋声音"却无人在意。另外，我们还将讨论"cunt"（屄）这个词的历史；"gossip"（八卦）到底是什么；如果男人从地球上消失，语言听起来会是什么样子（只是从理论上来说！我可什么都没暗示）；我们可以如何利用所有这些信息，来实现真正的改变。

我们也会碰到一些复杂的问题，比如，真的有可能完全收复再定义*"slut"这个词吗？我们能够永远杜绝街头的言语骚扰吗？我们无法百分百肯定地回答这些问题，至少现在还没办法。但读完这本书，你就会掌握所有你需要的"书呆子"知识，让你

---

* reclaim 与 reclamation，译作"收复再定义"，详见第一章。——译注

说话听起来像房间里最敏锐的语言忍者。我以我的经验告诉你，这种感觉不是一般地棒。

下面讲一段我自己的经历。我曾经用我仅有的一丁点语言学专业知识，成功说服一个和我背景完全不同的人——一个对女性应该如何说话有着自己顽固信念的人——改变了想法。那时我19岁，在纽约大学的课余时间照看一位教授的女儿，她在曼哈顿上东区的一所预科学校上学。与她同年级还有一个女孩，那个女孩的母亲常穿花呢裙套装，头发颜色像黄色水仙花，这位母亲成长于重视言行举止得体高于一切的家庭，而她立志要把这些优良原则传授给自己的女儿。

我在地铁6号线上遇到了这位母亲，当时我们带着各自的五年级小朋友，要去曼哈顿下城的布利克街。我们坐下来寒暄了几句，然后我挪到旁边和两个女孩聊天，说着说着，我用了缩略语"y'all"（你们）称呼她们："So how did y'all's French test go?"（你们法语考得怎么样？）

穿花呢套装的母亲不高兴了。"y'all？"她喘着气，用手抚着胸口，"你不能不顾场合随口乱说'y'all'，阿曼达。这是糟糕透顶的英语！人们会认为你很愚蠢……或者更糟，以为你是南方人！"*她看了一眼自己的女儿，摇了摇头。

我等的就是此刻。

---

* 关于"y'all"用法的趣事：我在马里兰州的巴尔的摩长大，那里时常有人说"y'all"，使用频率比梅森-迪克森线以北的任何州都要高。但是真正的南方州反而并不经常说这个词。那根据方言地图，南方哪个州使用"y'all"最多？密西西比州啊，各位（y'all）。

"其实呢，"我从座位上滑回去说，"英语中缺少第二人称复数代词，我觉得人们社交时有意识地使用'y'all'就能有效解决这个问题。"这位母亲扬了扬眉毛。我接着说："我本可以用'you'（你／你们）这个词来称呼她们，但我想让你女儿知道，我是把她也包括在谈话中的。我原本也可以说'you guys'（你们）*，这在日常交谈中已经成为一种习惯，但据我所知，这两个孩子都不认为自己是男性。我一向尽量避免使用表示男性的词来称呼非男性，因为这样称呼别人会从根本上助长语言性别歧视，而语言性别歧视是许多人多年来一直反对的。所以我的意思是，如果这两个女孩都不是男生，那么当然不能用'guys'称呼她们。你觉得呢？"

　　母亲对我露出怀疑的微笑。"也许是吧。"她说。

　　"是这样的没错！"我很高兴她让了寸步，就继续口若悬河，"还有其他有趣的词可以用。我也可以说'yinz'†，这在宾夕法尼亚州西部和阿巴拉契亚的部分地区很常用，但我个人认为它不太好发音。总的来说，我觉得'y'all'是解决棘手的词汇缺口的最佳选择。我还知道，这个词被高度污名化了，因为人们将它与特定的地理区域和社会经济背景联系了起来，就像'ain't'‡这个词一样。哦对了，'ain't'在19世纪的英国上流社会中被大量使用。"

---

*　guy 是非正式英语单词，意为"家伙、伙计、兄弟"。英语口语中也习惯用来称呼非男性群体。——译注

†　对 you all 的缩写，源自苏格兰-爱尔兰英语。——译注

‡　意为"不是、没有"，等于 are not、am not、is not、has not、have not。属于非正式英语，通常被视为社会经济地位或教育水平低的标志。——译注

"这是真的吗？"母亲坐直了身体。

"是真的。"我确认道，"话说回来，我很想了解你反对使用'y'all'这个词的原因。可以跟我说说你的成长经历吗？"

接下来的十站，这位母亲都在讲述她的人生故事——讲她的移民父母，讲她小时候父母为她设定的、严苛到难以想象的言语标准——当我们在布利克街下地铁时，我敢肯定，下次她想教训别人不可以说"y'all"之前会三思。我其实倾向于相信她再也不会这么做了。

我写这本书是为了帮助女性，以及其他被边缘化的性别群体，从语言文字中汲取力量，就像我那天在6号线地铁上那样。为了将长期以来被用来攻击我们的语言收复回来、重新定义，我们必然需要用知识把自己武装起来。厌倦了别人教训你该用什么声音说话？好消息是，语言学家对此也烦透了。现在就是改变这一切的时机。

第一章 淫荡妓女和下流女同

让我痛恨（但又有点喜爱？）的性别侮辱词汇

　　如果你想羞辱一个女性，就骂她是妓女。如果你想羞辱一个男性，就骂他是个女人。

　　最熟悉这种套路的人莫过于劳蕾尔·A. 萨顿（Laurel A. Sutton），她是一位语言分析师、广告文案策划人，其职业生涯就建立在微妙的命名*艺术之上。1998 年，萨顿创建了一家"起名公司"Catchword，致力于为那些不谙此道的企业主设计出吸睛又好记的品牌名称。Catchword 的客户范围很广，从好事达保险（Allstate）到麦当劳都囊括在内。你知道这个快餐帝国著名的麦咖啡法拉沛冰摩卡†吗？名字就是 Catchword 起的。你试试给这种两美元一杯、含 420 卡路里的咖啡奶昔起个更合适的名

---

* name-calling，有"命名"和"辱骂"两种含义，此处"命名"与下一段中的"辱骂"形成双关。——译注

† McCafé Frappé Mocha，这个名字借鉴了希腊的法拉沛咖啡"Frappé"，它是一种上面覆盖奶泡的冰咖啡，有时会加入冰块，适合在夏季饮用。——译注

字？我赌你想不出来。

萨顿将自己的语言天赋应用于商品命名并成功破解了变现密码，而在五年前，她其实着迷于另一种"命名"：性别羞辱。20世纪90年代早期，萨顿还是加州大学伯克利分校语言学系的一名研究生，她当时产生了一种难以抑制的研究渴望，即挖掘美国最流行的脏话背后的社会学含义。于是她进行了一项持续两个学期的实验：萨顿让她的365名本科生每人列出自己和朋友最常用的十个脏话俚语，并注明词义。随后她将这些词输入了一个巨大的数据库，类似于前网络时代的城市词典（Urban Dictionary）。萨顿的计划是从性别角度分析这些脏话俚语，从而找出女性与男性在更广泛的文化对话中的地位差异。

学生们反馈的俚语总数达3788个，犹如五彩缤纷的大拼盘，涉及各种不同方面。（还记得人们激动时会说"booyah"*吗？啊，令人怀念的90年代。）其中共有166个词是针对女性或与女性有关的。萨顿把它们单列出来寻找其中的规律，并按以下主题将这些词分为四种语义类别：滥交、肥胖、邪恶、性感程度。数据库中最具代表性的词语包括"slut"、"whore"（妓女），以及"skankly hobag"（骚货）†，用来形容性关系比较开放的女性；"bitch"和"biscuit"（饼干；泼妇）‡，指强硬不好惹的女人；"hootchie"（破鞋）

---

* 亦作booya，20世纪90年代美国人感到胜利或兴奋的时候常欢呼此词。booyah也指一种炖肉，据说源自比利时，后流行于美国中西部州的北部地区。——译注

† hobag本意指一种布袋，也有"妓女"的意思。——译注

‡ bitch原指母狗，后成为辱骂女性的脏话。不愿意使用bitch一词的人便用biscuit代替，例如"son of a bitch"，有人会改说"son of a biscuit"。——译注

和"pink taco"（粉塔可）*，即用外阴代表女性；还有"heifer"（小母牛）和"hellpig"（地狱猪）†，表示一个女人外貌丑陋或无法勾起男人的欲望。

此前一年，加州大学洛杉矶分校进行过一项类似的性别羞辱词汇调研，发现有关女性的俚语中有 90% 是贬义，而有关男性的只有 46% 是贬义。也就是说在人们日常使用的词汇中，羞辱女性的表达比羞辱男性的多。该调研同时也发现了一系列用于女性的"褒义"词语，但其中大多数与贬损女性的词一样都是基于"性"，而且常将女性比作食物，例如"peach"（蜜桃）、"treat"（美味）、"filet"（嫩肉）。

深入分析以上数据之前，我想先花一点点时间来"欣赏"一下某些俚语的创意——例如"skankly hobag""hellpig"这些想象出来的东西。然而还有一个更大的问题：英语中到底为什么有这么多羞辱女性的不堪词语？而且为什么有些词说起来还挺有趣？有没有一种方法可以完全不带性别歧视地谈论人类对脏话的热爱？

萨顿不是第一个通过实验来研究语言中大量性别歧视词汇的语言学家。"关于女性'污名'的研究多如牛毛。"她在论文中写道，并指出研究一致表明，英语中针对女性的性与性别的侮辱比针对男性的要多得多。语言学家认为，父权制度下使用的任何

---

* hootchie 指有多个性伴侣的女性，或穿着打扮像性工作者的女性。taco 是墨西哥的传统食物，形似女性外阴。——译注

† hellpig 是巨猪科（Entelodont）的昵称，是一类已灭绝的杂食性偶蹄目哺乳动物，身形庞大，脸似疣猪。——译注

语言都是如此，因为语言能从根本上体现其所属文化的信仰和权力结构。英语中针对女性的贬义词总是带有性含义，这也折射出西方社会中女性的整体境况，即要么美好如"treats"和"filets"，要么恶劣如"hobags"和"hellpigs"。这是典型的处女/荡妇二元论——从对英语俚语的汇总来看，女人永远是两种性对象之一：一种是天真纯洁、矜持难得的美人；一种是古怪丑陋、水性杨花的荡妇。

20世纪70年代，语言学家缪丽尔·舒尔茨（Muriel Schulz）是最早扎进这潭"脏水"的研究者之一。舒尔茨曾担任加州州立大学富尔顿分校的语言学教授，现已退休。她于1975年发表了一篇著名的论文，《针对女性的语义贬损》（"The Semantic Derogation of Woman"）。舒尔茨在文中明确阐述了一些词的语义如何逐渐发生变化，并成为针对女性的"性别诨名"，例如"cupcake"（纸杯蛋糕）、"cunt"。词的语义演变有两种类型：其一是"词义转贬"（pejoration），即一个词最初是中性的或者褒义的，最终演变成贬义的；与此相反的过程则被称为"词义转褒"（amelioration）。

英语中几乎每一个用来形容女性的词，在其使用过程中都会在某个时刻被涂上淫秽色彩。正如舒尔茨所写："回顾语言的使用历史，我们一次又一次地发现，一个用来形容女孩或女人的无辜词语，最初可能具有完全中性甚至积极的含义，然而它渐渐地有了消极色彩，一开始或许只是轻微的贬损，但一段时间之后它变成了脏话，最终变成了性别污名和侮辱。"

当你将某些特定的性别相关词语对照审视，就能发现针对女性的语义贬损化趋势。比如"sir"（先生）和"madam"（女士），300 年前这两个词都是比较正式礼貌的称呼。可是随着时间的流逝，"madam"变成了描述自负傲慢或性早熟的女孩的词，后来又用来指代秘密情妇或妓女，最终成了妓院老鸨的代称。与此同时，"sir"的含义从未发生变化。

类似的事情也发生在了"master"（男主人）和"mistress"（女主人）两个词上。这两个英文词源自古法语，本意都表示具有权力权威的人。几十年后，只有后一用于女性的词被污染，含义变成了——如舒尔茨所说——与已婚男子"频繁私通"的淫乱女人。而"master"继续代表一个掌管某事物（比如家庭、动物，或性虐恋关系中的受支配者）的男性；也可以用于称呼一个掌握了某项复杂技能（比如空手道或烹饪）的人。现在告诉我，有哪个好看的烹饪竞技节目叫《厨艺女师》（*MistressChef*）吗？没有，从来没有过。要是有，我一定会看。*

另有例子显示，词义转贬的过程使得某些女性相关的中性词变成了既针对女性也针对男性的侮辱性词语。以"buddy"（兄弟）和"sissy"（姐妹）为例，今天我们会用"sissy"来描述一个柔弱或过于女性化的男人，而"buddy"是"好朋友"的同义词。许多人以为"buddy"和"sissy"两个词之间没有任何联系，但是最初二者其实是"brother"（兄弟）和"sister"（姐妹）的缩略语。只不过后来男性相关的那个词经历了词义转褒；而与女性相关的

---

* 美国有一档烹饪真人秀节目叫作《厨艺大师》（*MasterChef*），于 2010 年首播，火爆至今。——译注

那个词与之相反，被冲进语义的马桶，落入了如今的贬义污水：懦弱可怜的男人，像个女人一样。实际上，语言学家已经确认，大部分针对男性的侮辱都来自对女性气质的描述，要么影射女人本身，要么影射男人身上的（刻板印象式的）女性化特质："wimp"（软弱窝囊废）、"candy-ass"（胆小鬼）、"motherfucker"（杂种）。甚至"woman"（女人）这个词本身就有嘲笑效果，我就常听人说："Dude, don't be such a woman."（哥们儿，别跟个女人似的。）

跟"sissy"类似的是"pussy"（猫咪；阴部；懦夫），也是从一个女性相关的中性词逐渐演变成专门骂男人的脏话。虽然学者无法完全确定它的词源，但是一种理论认为它源自古挪威语，本意指布袋或者口袋。*《牛津英语大词典》中一个来自16世纪的词条给"pussy"的定义是，具有猫的特质（比如温柔友善和羞怯胆小）的女孩或女人。17世纪时，这个词同时比喻猫和阴道的用法开始出现。直到20世纪早期"pussy"才被用在男人身上，那时的作家把这个词与温顺而没有攻击性的男人联系在了一起。

经历词义转贬的男性相关词语却屈指可数，唯一显著的例子是"dick"（屌）这个词。它最初只是人名"Richard"（理查德）的昵称，莎士比亚时期成为所有男性的统称（就像乔·什莫†）；

---

* 在喜剧《大城小妞》（*Broad City*）第一季中，伊拉娜·格莱泽（Ilana Glazer）饰演的角色失口泄露了自己用阴道偷藏大麻的习惯后，骄傲地称自己的阴道为"大自然的口袋"。如果这不能证明"pussy"的古挪威语词源理论，我不知道还有什么能证明。

† Joe Shmoe，也拼作 Joe Schmoe 或 Joe Schmo，意为"普通人"，是美国英语中一个常用的虚构名字。——译注

在 19 世纪后期，这个词开始被用来形容阴茎，这可能要归功于英国军队里的俚语——多谢那些脏男孩；20 世纪 60 年代，它逐渐被用来代表轻率自私或者卑鄙的人。然而"dick"是个倒霉的例外。"lad"（小伙子）、"fellow"（伙伴）、"prince"（王子）、"squire"（侍从）和"butler"（管家）等众多男性相关词语都幸运地免遭词义转贬的残害。

那么女性相关的词语经历过词义转褒的语义演变吗？经历过，但这大多是因为女性把它们夺了回来并加以积极的改进（本章末尾会详细讨论）。可是在男性相关词语中找到像"buddy"这样经历词义转褒的例子更容易。例如，在古英语中"knight"（骑士）一词仅指年轻的男孩或仆人，后来经过词义转褒被用来指称英勇的贵族。"stud"这个词原本是指雄性种畜，后来变成了一个俚语，指性感、有男子气概的男人。就连"dude"（兄弟，伙计，哥们儿）这个词也获得了地位提升，在 19 世纪晚期它是脏话，用来羞辱一个做作浮夸的男人，今天它是英语里最受宠的词之一。

回头再来看那些与女性有关的脏话。我觉得这个话题非常有趣，而且会是鸡尾酒会上与人谈笑时的迷人素材。所以我想再谈一些曾经中性或褒义的词——哪怕只是个昵称——演变成骂女人或者与女人有关的侮辱性词语的历史过程。这些词语在某个时刻变得不讨人喜欢，而且总是涉及性。

我们从"hussy"（贱妇）开始。最初，"hussy"只是古英语"husewif"更简短、更甜美的版本，意为女性一家之主，是现代单词"housewife"（家庭主妇）的早期同源词。大约在 17 世纪，这个词开始用来形容粗野的"乡巴佬"女性；然后，它变成了对所有女性的普遍侮辱，最终语义缩小到特指下流、厚颜无耻的女人或妓女。"tart"（果馅儿饼；骚货）这个词也走上了相似的道路。它曾经被用来表示一小块馅儿饼或者糕点，但很快就成了对女性的普通爱称，后来又专指吸引男性的性感女人，到了19世纪晚期，它沦落为对不道德的女性或对妓女的称呼——"不道德"和性工作者之间不能画等号，特此纠正偏见。

就连"slut"曾经也是无辜的。这个词现在如此有争议，你永远不会猜到它其实源自中世纪英语中一个无伤大雅的词"slutte"，意思是"不修边幅的"女人。后来这个词有时候也用在男人身上——1386年，乔叟给笔下一个邋遢的男性角色贴上了"sluttish"（邋里邋遢）的标签。可是没过多久，它就扩展到指代不道德的、放荡淫乱的女人或妓女，然后到20世纪90年代末，该定义因"slut"在色情作品中的大量使用

slut 的词义变迁

而得到强化。它还有一个男性对应词："manslut"（男荡妇）。更匪夷所思，是吧？另外，如果"slut"无须前缀就默认是骂女性的词，那么"manslut"当然意味着只有女性滥交才是可鄙的。

更惨的是"bitch"这个词，前面简单聊过，现在我们来一观全貌。语言学家推测这个词派生自古梵语单词"bhagas"，意思是"生殖器"，随后以不同形式被吸收入拉丁语、法语和古英语，最终被用来指生殖器暴露在外的生物，也就是一般动物。在那之后，它的词义缩小到"雌性动物"，几个世纪之后，"bitch"被用来指代"母狗"。直到公元 1400 年左右它的意思才首次从"野兽"转变为"人"，出现在当时的文字作品中，被用来描述淫乱的女人或妓女，这仍然是它在英国英语中的主要含义之一。随后，"bitch"的词义演变为表示某种弱者或者仆人，例如"Go fetch me my tea, bitch"（去给我端茶，贱人），或傲慢刻薄、令人厌恶的女人；还有一个动词用法，意思是"抱怨"："There are so many English words to bitch about, aren't there?"（英语里让人想抱怨的词可真多，不是吗？）

不过，在诸多类似的词源故事当中，我最喜欢的是"cunt"。这个被认为是英语中对女性最具侮辱性的词，其实一开始并不是一种侮辱。cunt 的词源也存在争议，但大多数资料都认为它可以追溯到原始印欧语中"cu"的发音，表示女性气质；"cu"也与现代单词"cow"（母牛）和"queen"（女王）相关。拉丁语单词"cuneus"的意思是"楔子"，也与"cunt"一词有关；古荷兰语单词"kunte"也一样，并且赋予它令人难忘的结尾字母 t。

几个世纪以来，"cunt"这个词一直单纯用来表示女性的外生殖器，不夹杂任何负面暗示；但是，就像许多其他指代女性气质的词语一样，它没能在词义转贬的洪流之中独善其身。尤其有趣的是，"cunt"的词义转贬过程与人类历史进程紧密相关。一万年前，当智人过着游牧生活，在不同的地方辗转流浪时，男人和女人都有多个性伴侣，女性性行为被认为是完全正常和美好的。但当人类停止了迁徙，独立而性生活自由的女人才开始为男人所不齿，因为一旦拥有土地变得令人向往，人们就希望能够把土地传给自己的孩子，而男人为了明确知道谁才是自己的亲生孩子，就必须让女人只忠诚于一个性伴侣。于是为了建立一种传承体系，社会变成了父权社会，任何女神式的性自由观念也就不复存在。伴随着女性性自由的终结，人们普遍开始对女性的性行为感到厌恶，把像"cunt"这样的词永远钉在了耻辱柱上——可能直到父权制消亡情况才会有所改变。

读到这些词的词义转贬过程不免让人有点心灰意冷，但通过观察研究其中的语义演变模式，可以看到在我们文化中普遍存在的、有关性别标准的重要问题。当讲英语的人想侮辱一个女人时，他们会把她比作以下事物之一：食物（如"tart"），动物（如"bitch"），或者性工作者（如"slut"）。这些正是劳蕾尔·A.萨顿在 20 世纪 90 年代加州大学伯克利分校的研究中注意到的主题。这么多年来，我们一直在用语言系统性地将女性贬低为可食用的东西、非人类的生物和性客体，这一切并非巧合。相反，这样做是对我们整个社会的期待、希望和恐惧的公开声明。

自语言诞生之初，我们用来指代人的名称就象征着其指称对象的历史、地位和价值。我说的不仅仅是侮辱性指称，这个道理也适用于一个人的法定姓名。70% 的美国女性仍然认为她们应该在婚后改随夫姓，而这意味着自己的人身所有权从她们的父亲转移到了她们的丈夫手中——她们或许没能意识到其中深意，或许是不愿意承认。我们并不是随机偶然地把一个女人等同于农场里的动物或者水果糕点，这其实显示出说话人相信（或者想要相信）事实就是如此。

看看我们的文化，看看我们对女性的羞辱，脏话大多带有性暗示其实一点都不奇怪。"女人即性对象"是父权制最古老的修辞手法之一，这很大程度上是出于数千年来的一种看法，即女性的个人欲望和性自由意志在本质上是坏的。即使只是简单地浏览一下我们语言中针对女性的俚语，也会发现女性的性欲是可耻的，无论一个女人如何处理她的欲望。我们的文化只给女人的欲望两种归宿：若性生活丰富，就让她获得妓女的骂名；若她选择禁欲，就给她贴上假正经的标签。20 世纪 70 年代末，内布拉斯加大学的学者朱莉娅·P. 斯坦莉（Julia P. Stanley）在收集和分析了一系列针对女性性欲的流行俚语后，发现了这种无处不在的"妓女—圣母"二分法的语言证据。她总共记录了 220 个俚语，而隐藏在它们背后的隐喻都是完全负面的，也都无一例外地落在了这枚意识形态硬币的其中一边："献身"的女人被归类为荡妇，而那些矜持的女人则被咒骂为冰雪公主。与此同时，斯坦莉所收集的有关男性的大多数性隐喻——总共22 个，正好是女性那组的十分之一——都具有积极正面的含义。

这些包含"ass man"（恋臀男）、"stud"、"Don Juan"（唐璜）*的俚语，全部暗示着对男性滥交的完全认可。

而将女性比作动物和甜点的本质是把女性贬抑到与它们相同的地位，并使女性因为性而受到谴责。把人类比为动物当然不是什么新鲜事，也不是女性独有的，几个世纪以来，所有性别的人都用野兽和家畜来形容人的习惯和外貌。女性当然也会拿别人——包括其他女人——跟动物做比较，她们之间相互调侃"bitches"和"cows"也不觉得有什么问题。†她们也把男人比作动物，比如一个男人很邋遢，或者将女性当作"性猎物"，他会被叫作"pig"。但女性用这些词都是对行为的比喻，并不是判断被比喻者多大程度上会为了取悦他人而"委身相许"。相比之下，当男人用动物来比喻女人时，其象征意义往往是这样的：女人注定应该被捕猎（像鸟一样），被驯服（像小猫或奶牛一样），或者让人感到畏惧（像美洲狮一样‡）。

---

* 西班牙的传说人物，一生都在引诱女人的浪荡子，是许多文学作品中的代表人物。后成为"风流男子"的代名词。——译注

† 不过，有时女性和男性在使用相同的动物隐喻时会有很大的语义差异。2013 年，塞尔维亚贝尔格莱德大学进行了一项研究来了解男女使用相同的动物相关词语来描述女性的情况，结果很有趣：男性用塞尔维亚语中的"bitch"来形容"一个喜欢并欣然参与乱交的随便女人"，而女性则用它来指代"一个肤浅、自负或轻浮的女人"。男人用"pig"（猪）来形容衣冠不整的邋遢女人，女人则用它来骂别的女人"肥婆"。（随便举几个例子。）

‡ 我喜欢猫，但我不喜欢人们将女人形容为"catty"（猫样的，指尖酸刻薄），并且经常把女人之间的肢体冲突甚至言语冲突称为"cat fights"（猫斗，指女性之间的恶吵）——《美国白马王子》（*The Bachelor*）和《比弗利娇妻》（*The Real Housewives*）等电视节目经常使用这个词。相比之下，当我们把男人比作猫时，他们总是"cool cats"（酷猫，指沉着老练、精明能干的人）。

但将女性比作甜点是我个人最喜欢分析的模式。凯特琳·海因斯（Caitlin Hines）是旧金山州立大学的一位语言学家，她的大部分研究都致力于探明英语使用者把别人比作食物时的潜规则。1999年她进行了一项分析，发现女人被系统性地类比为甜的、水果味的食物，比如果馅儿饼和纸杯蛋糕，而男人类同的食物更具"男子气概"，如"beefcake"（肌肉猛男）这个词。更明显让人不适的是，像海因斯描述的那样，与女性相关的甜点总是"外硬里软，中间多汁，要么可以切成不止一块——'cherry pie'（樱桃派；处女的阴道）、'pound cake'（磅蛋糕；丰美翘臀），要么可被想象为一份易拿取的或外有包裹的甜点——'crumpet'（烤面饼；性感美女）、'cupcake'、'tart'"。你从来不会听到女人被称作冰激凌甜筒或者巧克力慕斯，因为人们认可并熟知"piece of ass"（臀部；性感的女人）的隐喻并一以贯之：女人嘛，是像单人份小糕点一样甜甜的东西，很容易到手的。*

然而，在以上分析结果中还有一个问题：英语使用者中不只男性会默认并坚持这种潜规则，女性也是如此。女性也一直用"honey"（蜂蜜；宝贝）、"cupcake"†给别的女性贴标签，还总相互调侃"sluts"、"hos"和"cunts"。这是为什么？舒尔茨说："显

---

* 根据词典编写者埃里克·帕特里奇（Eric Partridge）的说法，19世纪80年代，加拿大有这样一种表达："下次你做馅儿饼的时候，能给我一块吗？"我很遗憾地告诉你，这是一个男人会对一个女人说的话，暗示她应该"同意跟他上床"。

† 不过她们的表达方式略有不同：有一些表示甜点的词可以用作不带性别色彩的亲昵用语，如果你在美国南部，也可以用作礼貌用语。我路易斯安那的姑姑姨妈们就常说："Do you need anything else, sugar?"（你还需要什么吗，甜心？）这显然不同于法庭上的法官称女律师为"sugar"或"sweetie"。一般来说，语境会告诉你一个词是用来物化别人的还是只是礼貌用法。

然不是女性自己创造了……这些诨名。"她们也不是第一个把男性描述成"pussies"和"sissies"的人。那么，我们为什么要附和它们呢？为什么这么多女性愿意使用这些令人不快的、男性发明的隐喻来互相贬低，却从未问过其中原因？

我先说个简单的答案。在我们的文化中，男性主宰一切，而女性则被教导要跟随他们的领导、要取悦他们，因此我们会想方设法去适应为我们设置的语义范畴：假正经或者妓女，贱人或者甜心，公主或者女同性恋。但是我也有一个略微复杂的答案，即上述现象的真正成因是女性更擅长倾听。康奈尔大学的语言学家萨利·麦康奈尔-吉内（Sally McConnell-Ginet）认为，总的来说，女性更善于捕捉与她们交谈的人的想法、感受和观点。理论上来说这是一件好事。但棘手的是，这通常会给男性更多的空间，让他们把自认为合理的特定隐喻投射到我们文化的集体词汇中，仿佛只有他们的视角是重要的。

麦康奈尔-吉内这样解释道："当一个人说得越多听得越少，他的观点就越有可能像大家的共识一样产生一些作用，即使它根本不是共识。"她这样说的意思是，从某种程度上来说，女性对于一件事情是心知肚明的，即男性认为只有自己的观点是存在且重要的，所以他们才不会也无法选择能代表女性立场的隐喻。如果他们真这么做了，那"sissy"而不是"buddy"就会是称呼好朋友的词，"pussy"也许会代表"骁勇善战的女王"。*然而，亦

---

*　正如传奇人物贝蒂·怀特（Betty White）曾经说过的那样："为什么人们说'勇敢一点'的时候要说'grow some balls'（长点睾丸吧）？睾丸又脆弱又敏感啊。所以如果你想坚强勇敢，就应该'grow a vagina'（长个阴道），这玩意儿可抗揍了。"

如麦康奈尔-吉内所说:"一个人对与自己不同的观点越关注,就越有可能通过理解这些观点而趋于认同——有时甚至是不自知地——开始支持这些异见。"女性是慷慨包容的倾听者,却因此走上了被压制贬抑的道路。

男性编造的那些关于男性和女性的观点隐藏在大量脏话的潜台词中,即使是那些没有明确性别区分的俚语。想想"nasty"(讨人厌)、"bossy"和"nag"(爱唠叨)这些词吧,尽管这些词并非明显地与女性有关,但它们已经沦为专门用于女性的一类侮辱性用语。2017 年,社会语言学家伊丽莎·斯克鲁顿(Eliza Scruton)进行了一项研究,她检查了互联网上的一个有超过5000 万单词的语料库——这是一个很大的语言样本集合,以确定像"nasty""bossy""nag"之类的单词的性别倾向性有多高。简而言之,非常高。她的数据显示出,这些词在使用上明显偏向于女性,经常出现在"wife"(妻子)和"mother"(母亲)这些词前面。

JSTOR Daily* 的计算语言学家和语言专栏作家陆弛(Chi Luu,音译)曾经指出,辱骂是为了指责一个人的言行不符合说话人的标准,其最终目的是规训受辱者的行为以使之符合说话者对该群体的期望形象。"nasty"和"bossy"就是在批评女性没有表现出应有的甜美和温顺——因为她们想要太多的权力。同样,"wimp"和"pansy"(娘娘腔)这样的词指出了一个男人没

---

* 从历史、科学、文学、政治等学术视角讲解时事的非营利性在线出版物。——译注

有达到男子气概的标准——男人应有的样子。在一个如此重视男性的强硬和进取好斗、女性的优雅和恭顺的文化中，如果有人指责你不具备你所属的性别该有的样子，通常会让人感觉遭到了最严重的羞辱，因为这是在告诉你，你连自己最根本的东西都没做好，是个彻头彻尾的失败者。

基于性别的侮辱是有害无益的，因为它们是在传播关于男性和女性的有毒传言，而这对性别平等十分不利。那么我们就应该完全摒弃这类俚语脏话吗？事实证明并非如此。虽然我很讨厌在吵架的时候被骂"bitch"，却无法解释为什么我和其他很多女性都会主动使用这一章列出的很多性别诨名并且乐在其中。就我个人而言，我很自豪地把自己定义为"nasty"、"bitch"和"slut"，我和朋友们也喜欢这样称呼彼此。说来有点惭愧，不过我也觉得像"tart"和"hussy"这样的词说出来很有趣。

表面上看，这些偏好似乎是对女性主义的背叛，但我想大多数语言学家会原谅我的。这是因为许多针对女性的俚语都朗朗上口，听起来很可爱。从语音来讲，"slut"、"bitch"、"cunt"和"dyke"（女同性恋）恰好拥有英语使用者最喜欢的、最常用的，有时甚至是幼时最先学会的词语所具有的发音模式。类似于"mama"（妈妈）、"dada"（爸爸）及其衍生词，英语中最流行的俚语——包括"boob"、"tit"*、"dude"和"fuck"（肏）——都既简短又含爆破音。人类从一出生就极其喜爱 b、p、d 和 t

---

* boobs、tits、titties 都是表示"乳房"的俚语，后二者较前者更淫秽色情。——译注

这样的塞辅音（stop consonants）——如果你跟牙牙学语的婴儿一起待过就肯定知道——而且这份爱会持续一生。一个词说起来越有趣，就越会被人一直使用；而且，既然像"slut"和"bitch"这样的词拥有一个有趣的词所具有的所有发音特征，它们如此持久耐用就是必然。这并不是说女人只是被男人洗了脑才想用这些诨名称呼彼此，而是经验证明它们的语音的确能带来愉悦感。

但是，之所以女性倾向的侮辱性词语如此令人难以抗拒，除了它们具有语音愉悦性以外，更重要的原因是其中的大多数词语不再被视为是完全贬义的。这要完全归功于词语的"收复再定义"*，即人们主动地重新定义某些词语，彻底改变其含义及感情色彩。"收复再定义"最成功的词语出自文化中最受压迫的群体。比如说，"queer"（酷儿）这个词可能是近来最成功的例子，它曾经是针对同性恋者的具有排斥意味的侮辱，而现在它是经过学术界和LGBTQ+†群体重新定义的普通称呼，其过程令人赞叹。尽管有些人仍然认为"queer"一词作为称呼不甚妥当，但总的来看，它已经演变为一种自我肯定的总称，用于指代不符合主流性和性别规范的人。今天，人们可以在各种语境中看到这个词，

---

* 在语言学中，reappropriation（重新占有）、reclamation（回收、收复）或resignification（重新赋予意义）是指一个群体用新的方式来使用曾经用于贬损该群体的词语或器物的文化过程。语义的reclamation（收复并重新定义、词义矫正）影响了诸多话语领域，尤其是个人赋权和政治赋权方面。——译注

† 女同性恋者（lesbian）、男同性恋者（gay）、双性恋者（bisexual）、跨性别者（transgender）、酷儿或性别存疑者（questioning）等性少数群体的英文缩写，其中＋表示无法被LGBTQ代表的更多可能。——译注

比如真人秀《粉雄救兵》*的轻松标题；它也会被写在正式的工作申请表的性别栏里，紧挨着"男"和"女"。

尽管"bitch""ho""dyke""cunt"等词语仍然被用作骂人的脏话，但它们也已然演变成了女性群体内部的爱称，这往往也是一个词语经历收复再定义的开端——随着时间的推移，"我可以这么叫自己，但你不能"的规则会变得越来越宽松。还记得劳蕾尔·A. 萨顿 1992 年的俚语研究吗？萨顿也发现，参与调研的许多年轻女性会称自己的朋友为"bitch"和"ho"，但并不是作为一种侮辱，而是为了表达喜爱和幽默。我的体验也是这样，我自己就总是说"hey, hos"（嘿，婊子们）、"love you, bitch"（爱你哟，贱人）之类的话。

这类收复再定义是怎么发生的呢？我们很大程度上要感谢非裔美国女性，是她们改造了"bitch"和"ho"。非裔美国人白话英语（AAVE）†为美国年轻人提供了丰富的俚语来源。它创造了许多宝贵的俚语，如最新的"squad"（小队）、"fleek"（正点）和"woke"（对歧视敏感），以及古早的"bling-bling"（闪亮，光彩照人）、用"bad"（坏）表示"好"，以及短语"24-7"（一天 24 小时，一周 7 天）——得克萨斯大学的语言学家索尼娅·莱恩哈特（Sonja Lanehart）曾经告诉我，当她第一次听到一个白

---

* *Queer Eye for the Straight Guy*，美国的一档实景真人秀，2003 年 3 月在美国精彩电视台（Bravo）首播，于 2017 年由奈飞（Netflix）重启并复播。——译注

† 全称 African American Vernacular English，也常被称为非裔美国人英语（African American English），是美国英语中非裔美国人使用的一种语言变体；非正式的叫法还包括黑人英语（Black English）或者黑人白话英语（Black Vernacular English）等。——译注

人新闻主播在电视上使用"24-7"这个短语时，她差点把饮料吐出来。一些女性使用非裔美国人白话英语的特定方式，对于性别侮辱类俚语的重新定义起到了至关重要的作用。许多非裔美国人白话英语使用者都是语言游戏大师，特别擅长"signifyin'"，也就是用言语幽默地把对方撂倒的辱骂艺术。多年来，这项精妙的技能已经在黑人群体之外流行开来。

对"bitch"的积极的重新定义，也与嘻哈音乐界的女性有着特殊的紧密联系。自20世纪90年代以来，黑人女性音乐人就开始用"bad bitch"这个短语来指代自信、有魅力的女人，而不是"刻薄或充满敌意的女人"*——此处要赞美崔娜（Trina）1999年的歌《最飒拽姐》（"Da Baddest Bitch"），以及蕾哈娜的《大飒姐》（"Bad Bitch"）。嘻哈音乐还创造出了"heaux"这个词，这是"hos"更时髦、更讨人喜欢的拼法，我和我的女性朋友从2017年开始使用。那年，我在一首新歌的标题中第一次看到了"heaux"这个词，这首歌是少年说唱歌手丹妮尔·布雷戈利（Danielle Bregoli）的《这些妓女》（"These heaux"）。顺便

---

* 嘻哈界的男人们使用"bitch"的方式就不一样了。2011年，特里·亚当斯（Terri Adams）和道格拉斯·富勒（Douglas Fuller）两位学者表示，歧视女性的说唱歌手通常把"bitch"描述成"渴望金钱、丑闻缠身、擅长操控、事多难伺候"的女人，例如歌手史努比狗狗（Snoop Dogg）就唱过："Bitches ain't shit but hoes and tricks / Lick on these nuts and suck the dick."（贱人算个屁，全是妓女和诡计；舔完老子蛋，再舔老子鸡）或用"bitch"表示处于从属地位的男人，比如歌手德瑞博士（Dr. Dre）有句歌词："I used to know a bitch named Eric Wright."（我曾经认识一个小弟，名叫埃里克·怀特）不过男人在嘻哈音乐中使用的"bitch"也不全是坏的，比如20世纪80年代的说唱歌手矮子乐（Too $hort），他创造了"beeyatch"这个词（译按："bitch"的拉长音版，歌词中是爱称），我个人对此表示感激。

一提，她是白人，但她无疑是从非裔美国人白话英语中学会了巧妙地重新拼写单词的技巧。"heaux"一词的发明可能只是出自玩拼字游戏的顽皮心理，但这足以驱动女性对它进行改进，使它隐隐地让人感到它可以赋予人力量、拥有新的含义。

在以上语境中，"ho"和"bitch"不再是蔑称，而是成了团结和解放的信号。当然，有的女性无论如何都无法接受这些词，但对于这些感到不适的女性来说，把自己描述成"bitch"和"ho"其实可以是用来拒绝旧的女性标准的方式。萨顿这样分析道："也许当我们用'ho'称呼彼此时，我们是在认可一个事实，即我们都是女人，我们都有性生活，我们都自己挣钱，不依靠别人。而当我们称呼对方为'bitch'时，我们是在直面这个男人世界的现实，并肯定我们在其中生存下来的能力。只有抵抗，我们才能重新定义。"

一个词的再定义不必完全"去贬义"。收复一个词并将其重新定义的道路向来不那么顺畅。"queer"和"dyke"仍然会被用作辱骂同性恋者的脏话，但这并不意味着它们的"收复再定义"结果是失败的。语义的变化不是一夜之间发生的；相反，这是一个渐进的过程，其中的一个意思会慢慢地与另一个意思重合，然后完全盖过后者。只要一个词的正面含义稳定地趋于普遍、变得更主流，到下一代开始学习这门语言的时候，他们就会首先掌握这些新赋予的含义。

当然，词语的收复再定义是一个道阻且长的缓慢过程，需要我们在日常生活中把旧词用在新语境中才会发生。尽管如此，还是有一些系统化的方法可以加速这个进程，行动主义*就是其中之一。看看"suffragette"†这个词发生过什么变化吧：如今我们不再认为这个词是羞辱人的脏话，但它最初被发明的时候是"suffragist"（一个拉丁语派生词，表示意图扩大投票权范围的任何性别的人）一词的贬损版本，本意是对 20 世纪早期的妇女解放运动者的贬低和诽谤：胆敢要求投票权的都是没人要的丑老太婆‡。显而易见的是，女性解放运动还远远没有取得成功，目前从中获益的基本上只有富裕的白人女性，但从语言学意义上讲，这些女性做了一件很酷的事："suffragette"这个词一经发明，她们就毫不犹豫地把它抢了过来，把它放到海报上张贴出来，在街上大声喊着"suffragette"，还用它来命名她们的政治杂志，于是现在大多数讲英语的人已经完全忘记了它曾经是一个蔑称。

最近几年，我们已经看到一些活动家试图复制这种成功。比如一年一度的抗议强奸文化§的"艾波·罗斯荡妇游行"（Amber

---

* activism，有时译作"活跃主义"或"激进主义"，指为实现政治或社会变革而采取激进批评和活动的政策或行动。——译注

† 意为通过有组织的抗议来争取妇女选举投票权的女性。2015 年的电影《妇女参政论者》（*Suffragette*）讲述的就是 20 世纪早期，英国女性为争取选举投票权而不懈斗争的故事。——译注

‡ 当时许多参加运动争取投票权的女性被丈夫赶出家门。——译注

§ 强奸文化（rape culture）的概念最早形成于美国 20 世纪 70 年代的第二波女性主义运动，指的是把强奸等性暴力视为常态或漠视其普遍存在的社会文化环境，该社会环境倾向于宽容理解施暴者、指责受害者，强调的不是如何制止强奸者施暴，而是告诫女性如何避免遭到强奸。"强奸文化"一词出自美国记者、女性主义者苏珊·布朗米勒（Susan Brownmiller）的书《违背我们的意愿》（*Against Our Will: Men, Women and Rape*，1975）。——译注

Rose Slut Walk）*，或者一年一度的女同性恋者骄傲月活动：女同游行（Dyke March）†。当然，早在20世纪80年代第一次女同游行之前，女同性恋者群体就已经用"dyke"来形容自己了，但是1.5万名女性将"D-Y-K-E"骄傲地写在标语、运动衫和裸露的乳房上，在街道上昂首游行的景象，无疑非常有助于这个词的词义发生演变。

在互联网时代，模因（memes）——病毒式传播的网络符号——也推动了将一个词的所有权从施暴者转移到受压迫者手中的过程，其中最著名的例子是"nasty woman"（恶毒女人）。在2016年的第三轮总统辩论中，全世界都听到唐纳德·特朗普称希拉里·克林顿是"nasty woman"。不到24小时，这个短语就迅速被制成了gif动图、印上了一系列马克杯（我就有一个），还成了美国计划生育协会（Planned Parenthood）的数字筹款活动名称。这群"网络暴民"只用了大约一天的时间，就成功地从最先说出"nasty woman"的男人那里抢回了这个短语。这种时候互联网真是酷爆了。

现在到了有趣的部分：了解了性别侮辱如何演变以及它们的作用之后，我们必须弄清楚接下来要做什么。我们怎样才能进一步确保像"bitch""slut""pussy"这类词彻底去污名化且不再

---

* 由美国女星艾波·罗斯（Amber Rose）创办的非营利活动，旨在促进艺术赋权、性别平等，终结"强奸文化""受害者有罪论""荡妇和身体羞辱"，以及其他社会不公。——译注

† 每年的6月是全球性少数群体的"骄傲月"（pride month），6月底有专门的一天是女同性恋者游行日。——译注

倒退回侮辱性词语呢？我们如何才能以一种既有趣又活泼的方式来使用语言，同时又不会延续有毒的性别刻板印象呢？

女性主义媒体大亨安迪·蔡斯勒（Andi Zeisler）联合创办并经营着"Bitch Media"——一个非营利传媒组织，其名称中就有一个收复再定义后的侮辱性词语。她告诉我，为了减少性别羞辱带来的伤害，我们可以采取的第一步是避免用它们来辱骂别人，也就是只在褒义的语境中使用它们："Wow, impressive, she's a bad bitch!"（哇，太飒了，她可真是拽姐！）而不是"Fuck her, that evil bitch"（肏，臭婊子）。

另一个办法是，我们可以完全摒弃它们，毕竟并不是每一个侮辱性词语都能被收复再定义 *。有些女性主义者就认为"slut"这个词就应该被取缔而不是重新定义，因为用一个词"专门"来形容性经验丰富的女性，本来就是居心不良。就连"荡妇游行"的创办者艾波·罗斯自己也希望这个词彻底消失。2017 年，这位模特兼活动家告诉《花花公子》杂志："我今年的目标是……把'slut'从字典里抹去。我要找到《韦氏词典》的总部在哪里，

---

* 有些经由某群体收复再定义的词只适用于该群体内部，不是任何人都可以使用的。以"nigger"（黑鬼）这个词为例：从 19 世纪早期到大约 20 世纪 80 年代，这个词只被用于辱骂，但在米茜·埃利奥特（Missy Elliott）和 Jay-Z 等嘻哈艺术家的帮助下，它被黑人群体收复并进行了重新定义。然而，在大多数非裔美国人看来，这是一个其他族裔永远不能使用的词。2017 年，作家兼文化评论家塔那西斯·科茨（Ta-Nehisi Coates）被问及他对白人在吟诵歌词时使用"收复再定义"版本的"nigger"有何看法，他指出："这个词的含义深刻而沉重，与我们所遭受的被压迫的历史息息相关，因此不是每一个侮辱性词语在收复再定义之后都可以属于其他任一群体。"科茨还说："如果你是一个嘻哈乐迷却不能使用'nigger'这个词……这能让你体会到身为黑人意味着什么。因为作为一个黑人，就意味着行走在这个世界上，看着人们做着你不被允许做的事情。"

然后让我的粉丝来和我一起抗议，因为字典里对'slut'的定义是女人——一个滥交的女人。"

我们主动在日常对话中根除或重新定义"slut"，无疑比冲击《韦氏词典》的总部更有影响力。正如德博拉·卡梅伦曾经说过的："向国王请愿是没用的……有意义的斗争向来源自草根运动。"但我很欣赏罗斯的想法，我也同意，如果一种社会文化不再如此强烈地厌恶女性的性主权，"slut"的概念以及这个词本身就不会再引起共鸣，随后自然也就不复存在了。某种语言表达消失的现象以前就发生过，例如"old maid"和"spinster"（老处女，老姑娘）*这类词早就过时了，因为到了 21 世纪，人们不会再批评一位女性到了 40 多岁仍然单身了。简而言之，当侮辱性词语所包含的偏见瓦解，这些词自然也就过时了。

话说回来，我们都和不同的侮辱性词语有着独特的关联。"slut"之于我就不同于它对于艾波·罗斯的意义，我已经很多年不用这个词骂人了，甚至想都没有想过。这只是因为我根本不认为"slut"是贬义的脏话，就像我认为"性生活丰富的女性是可鄙的"这种伪命题根本就不成立一样。我仍然在用"slut"这个词——不是很经常，就偶尔用一下——而且总是以一种积极的、充满力量的，有时还带有讽刺意味的方式，类似于劳蕾尔·萨顿

---

* 这是另一个词义转贬的有趣例子：几百年前，"spinster"仅仅是纺织者的职业头衔（通常是女性，但也不总是如此）。然而，那些女性通常是由于没有丈夫依靠，只能靠纺纱织布养活自己，所以这个词就与未婚女性联系在了一起。它甚至一度是单身女性的法定称谓。到了 18 世纪，"spinster"便已沦落到用来形容年老、憔悴、痛苦的女人。

所观察到的"ho"的使用情境，例如"I had the sluttiest night ever, it was amazing"（今晚玩得超级嗨，太开心了）。我和我的朋友们甚至经常用"slut"（和"whore"）来形容一个人对某物的狂热，比方说"Zack is such a whore for McDonald's fries"（扎克真是个麦当劳薯条狂魔），或者"Amanda is the biggest wordslut I know"（阿曼达是个超级无敌炫词狂魔）。也许我喜欢说"slut"是因为它有我们都喜欢的那种有趣的、爆破性的单音节发音。也许是因为我个人没有太多被这个词辱骂的创伤经历。或许，也可能只是因为如果你对一句脏话进行足够多的分析思考，它带的刺最终会被消除，就好像当你一遍又一遍地重复说一个词，它慢慢会变得没有意义而且听起来很奇怪。所以我愿意相信，终有一天，女性的性行为会永远不再受到谴责。到那个时候，任何人只要愿意都可以被称为"slut"，他们也知道其中几乎没什么冒犯的意思。

然而语言不可能总是积极的。实际上，侮辱是一种可能永远不会消失的语言需求——我们人类太爱批评挑剔。因此，假如你发现你的确需要用到脏话来解决性别问题和性别歧视问题，可以试试想一些中性的词来表达，比如别用"cunt"骂女人，也别用"motherfucker"骂男人。更具体和有效的办法是，骂人只针对一个人的不妥行为，而不是针对其性别。比如说，任何性别的人做了什么恶心阴险的事情，我们可以骂他们"shit-filled, two-faced sneak"（满嘴喷粪、两面三刀的告密者），或者"goddamn villainous crook"（天杀的恶棍无赖），这样更有创意、更尖刻，而且直击要害——别再说没创意的"bitch"和"dick"了。

如果你想让脏话库变得更丰富多彩，试试外语里的中性侮辱吧，我很喜欢。比如牙买加词"bumbaclot"，意思是"擦屁眼的厕纸"，或者讨人喜欢但有点难发音的俄语词"perhot' podzalupnaya"，意思是"尿尿孔上的皮屑"。

蔡斯勒说，我们能做的另一件积极的事情是，注意在孩子身边不要使用性别歧视词汇。毕竟，在儿童和青少年时期，许多性别刻板印象已经固化。蔡斯勒建议说："当年轻人称呼某人为'bitch'、'slut'或'pussy'时，他们真正想表达的是什么？你要发挥积极作用，帮助年轻人认清这一点。"她指的是 2008 年的一件事，即一名大学生在希拉里·克林顿面前骂她是"bitch"。"我问他为什么特意用了这个词。"蔡斯勒回忆说。结果是这名学生实际上对希拉里·克林顿本人，或者她应该被怎样称呼并没有形成坚定、独立的观点，只是因为从小到大都听他父母这么骂希拉里，他就学会了。就像蹒跚学步的孩子在车里听到妈妈说"shit"（屎；该死）之后，也开始不停地说"shit"一样，我们从父母那里吸收了大量未经思考的性别侮辱。不论是向好的方向发展还是变得更糟，未来几代人用语言攻击别人的习惯在某种程度上是我们可以控制的。"语言中有太多的东西变成了默许存在的，"蔡斯勒说，"所以尽早意识到这一点并挑战它的合理性真的至关重要。"

终止使用某些特定的词语并非出于政治正确或害怕冒犯他人。恰恰相反，这是对既定规则的反叛。拒绝使用"slut"和"pussy"这样的词辱骂别人，你就是在拒绝针对女性性欲和男性气概的不平等标准，就是在抗议社会对女性性独立的谴责，男性借此是在拒绝成为粗暴的男权沙文主义者。只要反抗的人足够多，那么每个人都会是赢家，因为一个更平等的社会也是一个总体上更放松、更富有同情心、更少人会被冒犯的社会。如果我们学习酷儿和女同的做法，把侮辱我们的词收复回来并进行重新定义，那么"冒犯"这个词本身就会被废弃淘汰。

提高我们对性别侮辱的意识，可以让我们在描述别人的外表和行为时更慎重、更包容，从而表达得更准确。这种自觉意识反过来也会让人思考，性别的概念是如何潜入我们日常语言的其他领域的。如果我们要分析"slut"这个词的真正含义、出处，以及我们为什么说它，那么下一步自然就是对我们习惯性脱口而出的其他性别相关词语提出同样的问题，比如"woman"、"man"、"female"（女性，雌性）、"male"（男性，雄性）、"guy"、"girl"（女孩）、"she"（她）、"he"（他），等等。为什么是性别和性，而不是其他可以用于鉴别人的特质在我们谈论别人的方式中扮演着如此重要的角色？为什么通过语言来区分一个人的性别对我们如此重要？

我觉得这里面一定有故事。

第二章 "女人"这个词到底意味着什么？

以及其他关于性、性别的问题与其背后的语言现象

曾经有一位天才的火箭科学家，名叫伊冯娜·布里尔（Yvonne Brill）。布里尔出生在加拿大温尼伯，在惊人的 30 年职业生涯中，她致力于为美国国家航空航天局（NASA）设计精妙的新方法，以把星际飞船和卫星送入遥远的宇宙。布里尔就读于曼尼托巴大学，但由于她有女性生殖器，她不被允许学习工程学。当然，招生办公室没有亲自验证她是否具有女性生殖器，他们显然仅仅因为她的出生证明上标注了小小的 f（"女"），就在她的成绩单上盖上了"不，亲爱的，你学不了工程"。她可没有就此服软。布里尔改学化学和数学，几年后，她研制出一种高效可靠的火箭发动机，并且该发动机成了整个行业的标杆。只要你看过电视新闻，查过天气预报，或者用过 GPS，你就都要感谢布里尔博士。

2013 年，88 岁高龄的布里尔去世，整个航空航天工程领域对她悲悼不已。几天后，《纽约时报》刊登了一篇讣告，开头是这样的：

她的拿手好菜是蘑菇酸奶油炖牛肉。她一直陪伴在工作经常变动的丈夫身边，她做了八年家庭主妇，抚养大了三个孩子。"她是世界上最好的妈妈。"她的儿子马修说。

　　但是伊冯娜·布里尔也是一位杰出的火箭科学家，周三在新泽西州普林斯顿去世，享年88岁……

这则讣告让所有人感到疑惑不解。

伊冯娜·布里尔几十年来启动了一项又一项向月球和火星发射航天器的任务。2011年，奥巴马总统授予她国家技术与创新奖章。但是该死的，那则讣告竟然觉得炖牛肉更重要，而且说她当了八年全职妈妈养育孩子——这不是真的，那时她仍然在兼职工作。然而在《纽约时报》眼中，她对宇宙探索所做出的巨大贡献不算什么，那些传统女性气质的外显标志更能定义她是谁，而且——就像讣告第二段开头的"但是"暗示的那样——这二者是完全矛盾的存在。

《纽约时报》的讣告充斥着性别歧视，并因此受到了惩罚。各种媒体上都是铺天盖地的谴责声，批评讣告只强调布里尔被赋予的刻板印象式的女性形象（做饭、养孩子），却漠视她在星际探索方面的巨大成就和声誉。《纽约时报》顶不住压力，匆忙删掉了"拿手好菜"那句话。那个星期，书评家爱德华·钱皮恩（Edward Champion）在推特上发表推文说，《纽约时报》关于圣雄甘地的讣告上绝不会写"（他的）拿手菜是菜肉馅儿煎蛋饼，亲自熨烫衬衫，花了八年时间看完了'哈迪兄弟'*系列"。

在大学的时候，我偶然发现布里尔的讣告开头有问题，它立刻引起了我的兴趣，因为这提出了一个具有挑战性的问题：到头来，"woman"这个词真正代表的是什么？换句话说，当讲英语的人给某人贴上"女人"的标签时，我们想让听者脑海中形成的是什么样的形象？一个女人是否应该由特定的性别角色来定义，例如忠诚的妻子、养育孩子的厨师？"女性特质"是否按外貌分成了不同类别，例如长发的、化妆的、穿裙子的？是具有生育功能的身体和外阴使布里尔被曼尼托巴大学工程系拒之门外的吗？或者，我们说"female"时，指的就是具有生育功能的身体和外阴吗？另外，如果一位在自己的专业领域取得成就的人恰好是女人，比如伊冯娜·布里尔，当我们对她们的称呼加上了明确的性别标识时——"女科学家"而不是"科学家"——为什么有些人会感到被冒犯，而有些不会？也许"woman"这个词对不同的人来说已经产生了不同的含义。如果情况确实如此，那我们应该如何正确使用它呢？

一些人认为，如果我们想实现性别平等，那么应该尽可能避免公开使用"woman"这个词，因为在同一语境下，只明确指出女人的性别而不指出男人的性别，那就是性别歧视。你可能听到过一两个成就卓越的女性告诉面试官："我不希望我的头衔前面有'女'。人们只需要知道我做的事情和我的头衔，不需要加

---

* Hardy Boys，诞生于 20 世纪 20 年代的美国少儿侦探小说系列，由数十位作家以共同的笔名 Franklin W. Dixon 创作而成。——译注

前缀。"1996 年，电视导演格洛丽亚·穆齐奥（Gloria Muzio）说："被认为是一名好导演，而不是一名好的'女'导演，对我来说一直至关重要。但不幸的是，我不时因为身为女性而被单独挑出来。"

将女人的性别贴在她们的成就之前，对此最严厉的批评可能来自加州大学伯克利分校的学者罗宾·拉科夫（Robin Lakoff）。拉科夫常常被认为是性别和语言研究的奠基人，她在 1975 年写了一本极具影响力的书，名为《语言与女性地位》（*Language and Woman's Place*），这本书引发了关于语言在创造性别刻板印象中所扮演的角色的激烈辩论。拉科夫曾经告诉《纽约时报》，称呼"女科学家""女校长""女总统""女医生"是在暗示女人做这些工作"在某种程度上是不正常的"。这些性别限定词代表着女人拥有受人尊敬的职业只是例外，而这种潜在信息很可能渗透我们现实生活中的决策过程。拉科夫还说："每次我们说'女总统'，都是在强化只有男人才能担任三军统帅、成为美国的象征——毕竟美国的绰号是山姆大叔，而不是萨曼莎阿姨——这一观点。而这会导致人们更难想象总统是一位女性的情形，也因此更不会投票支持女性竞选总统。"

并不是所有人都认为特别关注女人的性别是一件坏事，即便是在男性性别不会受到同样的特殊关注的语境下。因为在一些人看来，女性在科学、医学和政治领域取得成功仍然比较困难，所以强调她们的性别有助于让女性在这些领域更受关注。也就是说，他们认为这是一种激励手段。

还有一些人则认为，无论你把像布里尔博士这样的人称为工程师还是"女"工程师，都不会影响人们对工程师的总体看法。语言学研究表明，许多性别中立的工作头衔，如"cardiologist"（心脏病学专家）、"construction worker"（建筑工人），通常仍被理解为男性的工作，无论你给它们加上什么修饰词。同样，"housekeeper"（家政，保洁，管家）和"babysitter"（婴儿看护，保姆）之类的头衔也被认为是女性的工作，尽管这些词本身与性别无关。此外，当那些本不区分性别的新词被引入词典时——"chairperson"替换"chairman"（主席），"businessperson"替换"businessman"（商人），"firefighter"替换"fireman"（消防员）——通常也会被划归为新一批专指女性的词汇，在这个仍然以男性为默认身份的世界里，这些新词变成了异类。永远会有一些人继续称一个商人为"businessman"，并且只会在这位商人是女性时才会切换到性别中立的"businessperson"。这表明按正确的方向调整一个人的语言，并不一定能改变其原有的无意识思维。

"区分性别还是不区分性别"大辩论的另一条重要支线是，该称呼一个人"woman"还是"female"。这个问题真的引起了争论。2015年，在希拉里·克林顿宣布开始她的总统竞选活动后，政治专家们开始疯狂讨论万一她当选，应该叫她"woman president"（女总统）还是"female president"（女性总统）。

这种用词上的争吵可以理解，即使这些记者（包括以上专家）中的大多数并不真的明白在实际应用中，"woman"和"female"为何不能互换。牛津大学的语言学家德博拉·卡梅伦在英国国家语料库（这是一个综合数据库，包含从各种来源收集的超过一亿个书面语和口语单词，该语料库旨在提供 20 世纪末英国英语的代表性样本）中找到了证据。扫描数据库之后，卡梅伦发现当人们使用"female"而不是"woman"作为名词时，通常是在明显的负面语境中。例如：

1. My poor Clemence was as helpless a female as you'd find in a long day's march.（我可怜的克莱门丝是众多历经长途跋涉、绝望无助的弱女子之一。）

2."Stupid, crazy female" was all he said as he set about bandaging it.（"蠢婆娘！疯婆子！"他一边包扎一边说。）

3. A call yesterday involved giving the chatty female at the other end one's address.（昨天在电话里把地址给了听筒那头的长舌妇。）

这些例子都包含说话者对被谈论者的贬损。尽管就算把"female"这个词换成"woman"，他们的表述仍然带有侮辱性，但是会像卡梅伦说的那样"少了几分毫不掩饰的轻蔑"。语料库数据还显示，"female"作为名词，几乎从来不用于褒义语境，你不会听到有人说："My best friend is the kindest, most generous female I have ever met."（我最好的朋友是我见过的最善良、最慷慨的女性。）

为什么在故意贬低女性的时候，说话者经常选择使用"female"这个词呢？卡梅伦推测，这可能是出于想攻击女性在生理结构上有缺陷的心理。这句话的意思是，"female"是一个用来描述动物躯体的科学术语，指的是一种生理性别，包括外生殖器、染色体、性腺和其他生殖器官这些性征。与此同时，"woman"是一个只用于描述人类的术语，指的是一种社会性别，这是一个由文化创造的、更复杂的概念，下文会试着解释一下。通过给一个人贴上"stupid, crazy female"的标签，就可以表示这个人的智力缺陷与她的外阴、XX染色体、子宫等有关联，仿佛她身体所属的生理性别类别导致了那些负面特征。

社会性别与生理性别的问题是"woman"和"female"语义辩论中最关键的方面之一。我们应该用"woman"这个词来描述社会性别（与文化和概念相关的东西）吗？应该用"female"来描述生理性别（与身体相关的东西）吗？为什么生理性别和社会性别是必须首先阐明区分的重要概念？此外，为什么我们现有的描述它们的词都那么模糊不清？

要找出一个词的"真实"意思，我们的第一步通常是查阅官方定义。但即使是词典也没有为这个"生理性别—社会性别"之谜提供一个明确的答案。在我写这篇内容的时候，世界上引用次数最多的四本词典——《柯林斯词典》《韦氏词典》、Dictionary.com和《牛津英语大词典》——都把"woman"定义为成年雌性（female）人类。这一定义意味着作为"woman"和作为"female"是必然联系在一起的。那么，"female"又是什么呢？这些词典都将这个词定义为"能产生卵子并生育后代的生理性别"（或与此略有不同）。由此看来，我们可以根据词典定义建立如下关联：一个成年人若要成为一个女人，必须能够产生卵子并生育后代。这是一个有关身体的定义。与此类似，这些词典都将"man"定义为成年雄性（male）人类，只有韦氏词典对"man"的第一条定义是简短的"一个人类个体"——这明显反映了普遍存在的默认男性的观念。

继续翻看关于"woman"的定义，你会发现紧接着的是"女性仆人或家政助理"以及"妻子、情妇或女友"。这些标签与身体部位毫无关系，它们描述的是由文化创造的角色和人际关系，当然并不适用于每个女性。

最终，这些杂乱的定义混淆了社会性别具有的文化含义和生理性别具有的身体含义，导致"woman"的含义无比模糊混乱。

造成这种困惑不是词典编纂者的错，他们的工作不是彻底解决最令人困惑的语言难题。相反，他们的工作是反映一个词的"一般用法"，也就是在某词典编纂期间，大多数讲英语的人如何使用和理解一个单词，即使其所指含糊不清或政治上不正确。然而，在涉及性别的问题上，词典的定义骨子里就带有政治色彩，并且能在立法层面产生实际影响。以 2002 年的一个案件为例，堪萨斯州最高法院宣布一名跨性别女性和她刚去世的丈夫的婚姻无效，并坚持根据词典定义声称："在日常理解中，'sex''male''female'这些词的定义并不包括变性人（transsexual）。"法院以此为依据，将这位失去丈夫的妻子裁定为参与（当时）非法同性婚姻的男性，并禁止她继承丈夫的财产。

这类事件是一批抗议者疾呼求变的部分原因：2017 年，他们在推特上请愿要求《柯林斯词典》更改对"woman"一词的定义，使其不局限于身体部位，从而更具有包容性。向一群书呆子、收入过低的词典编纂者表达抗议并不是推动社会变革的最有效的方式，但是如果社会把词典的定义视为固定的、客观的事实，就犯了一个错误。词语的含义和文化信仰密切相关，它们都是不断变化发展的。

抗议《柯林斯词典》词条定义的人试图解决的问题是真实存在的：如果一个女人是"female"，而"female"指的是有卵子和能生育的人，那么一个出生时就没有卵子，或者由于某种医疗原因而不得不摘除卵巢的女人，还是"女人"吗？那么可能同时拥有阴道和 XY 染色体，甚至是睾丸的间性人（intersex）*算不算是"女人"？ 2002 年，法院裁定那个跨性别的寡妇不能被划归为"女人"，真的是公正的吗？因为他们的判决依据是词典上的一条定义，而词条定义只能反映当时普通民众的普遍认知，根本不是真理。

所以我再问一次，"woman"到底指的是什么？

生理性别与社会性别的概念之所以令人困惑，部分原因在于"gender"这个词本身的词源。信不信由你，"gender"一词直到 20 世纪后期才进入主流英语词汇。美国历史英语语料库收录了从 19 世纪第二个十年到 21 世纪第一个十年的四亿个单词，其中资料显示，大多数人直到 20 世纪 80 年代才开始使用"gender"这个词来描述人类。那个时候，它出现在对话中的频

---

* "intersex"是一个术语，通常指一个人出生时的生殖器官或解剖学性征结构不完全符合传统的女性—男性二元定义的一系列情况。天生的间性人并不像人们想象的那么罕见。根据 2000 年的一项研究，身体性征与标准男性或女性性征——比如染色体、激素、性腺或生殖器官差异——不同的人约占总人口的 1.7%。这和美国天生红发的人群所占的比例大致相同。

率从每百万词出现一次上升到每百万词出现五次。15 世纪晚期以前，"gender" 这个词只被用来描述语法范畴，比如阳性名词和阴性名词，从未用在人的身上。《牛津英语大词典》记录的第一个用 "gender" 描述人类的例子要到 1474 年才出现，但在当时，这个词只是 "sex" 的同义词——"男性或女性"状态——这也就是在接下来的 500 年里人们对它的理解。人们可能仍然容易混淆男性气质与女性气质中所包含的身体特征（现在被理解为"生理性别"）和其中的文化、身份要素（"社会性别"），因为这两个词半个世纪以来总是可以相互替换使用。直到 20 世纪 60 年代，人们开始意识到我们的身体和社会行为可能并没有内在的联系，才有人提出了生理性别和社会性别之间的语义差异。

最先让生理性别和社会性别差异出现在我们的主流文化视野内的人，是 20 世纪中期的第二波女性主义运动中的活动家们——她们的斗争目标包括同工同酬和生育自主权等。她们发现，把自明的生理性别与所有基于生理性别而强加于人的文化期待区分开来，对政治斗争是有帮助的。活动家想借此表明，女人并不是天生就只适合过当时大部分的女人被迫过的那种生活。她们最终想要推翻的流行观点是：女人"天生"倾向做饭、缝纫和行屈膝礼，而不是刻板印象中男性倾向做的事情，比如穿西装和掌管世界。

　　第二波女性主义运动中的女性主义者非常强调生理性别和社会性别之间的差异，但严格来说，她们并不是第一批提出这个问题的人。在第二波女性主义运动开始之前的几十年，由社会构建出的社会性别还是一个模糊的学术概念。*1945 年，《牛津英语大词典》给"gender"的定义是"由社会或文化差异而不是生理差异所呈现的男性或女性状态"。该定义中的例句来自当时发表的一篇心理学学术文章，其中写道："在小学时期，社会性别（gender），即生理性别的社会化对应物，也是一个划分差异的固定标准，其限定词是'女性化'和'男性化'。"

　　同样也是社会科学家，第一次将"gender"这个词与内在身份——你凭直觉认为自己是谁——联系了起来，并切断了它与文化习得的行为——化妆、烹饪、语气恭敬——的联结。以身份为基础的性别定义最早出现在 20 世纪 50 年代的精神病学家的著作中，这些著作涉及了他们对所谓的"变性人"和"阴阳人"（hermaphrodites）的临床治疗，我们现在称他们为跨性别者和间性人。

　　罗伯特·斯托勒（Robert Stoller）就是这样一位精神病学

---

*　这并不是说女性主义者在此之前就没有考虑过生理性别和社会性别之间的差异。西蒙娜·德·波伏瓦 1949 年的名言"一个人不是生来就是女人，而是变成了女人"，就显示出她对文化与身体之间差异的清晰理解，尽管其中没有出现"gender"这个词。

家，他于20世纪50年代在加州大学洛杉矶分校的性别认同诊所（Gender Identity Clinic）进行了这项研究。斯托勒相信，他称之为"核心性别认同"的东西是有生物学基础的，并将其定义为"一种认为自己是男性或女性的先天感受或意识，并且通常在出生后第二年固定下来"。他同时认为，后天因素也发挥了很大影响。作为弗洛伊德的学生，斯托勒也相信一种观点——现已被摒弃——即一个人性欲的发展，尤其是所谓的"性倒错"（同性恋、异装癖、施虐受虐症），是对创伤性的早期生活事件的直接反应，这些事件"威胁"到一个人的核心性别认同。

自斯托勒的时代以来，人们对性别的好奇心和研究大大增加了，但这个词的定义并没有因此变得简单。恰恰相反，它甚至变得比以往更复杂了，即使对心理学家和语言学家来说也是如此。这并不是一个独特的现象，单词的含义一定会随着时间的推移而不可避免地演变和扩大。*正如任何一种特定的文化都不可能永远保持不变，我们也不能认为它的语言和词义会恒久不变。

不过令人沮丧的是，"gender"，或者"man"和"woman"始终没能有一个简单的定义。有的人用"gender"来指代一套文化习得的行为，或者基于生理性别而强加给他们的社会地位。也有人用它来表示源自他们本能直觉或大脑思维的一种固有的身份认同感。还有些人用这个词来表示以上两种意思。德博拉·卡梅伦将"gender"定义为"一种异常复杂和多层次的现象，它不稳

---

*　在乔叟的时代，"girl"指的是任何性别的小孩子。在古英语中，"pretty"的意思是手工艺或者诡诈狡猾。在中古英语中，"dinner"（晚餐）实际上指的是早餐。

定、有争议，与其他社会划分密切相关"。她的同事，康奈尔大学的语言学家萨利·麦康奈尔-吉内，则称之为"通过基于生理性别对人进行分类，将认知、象征、行为、政治和社会现象整合在一起的复杂系统"。根据麦康奈尔-吉内的说法，任何特定社会性别的意义和内容都可能因文化、个体、人生阶段——甚至临时情况——的不同而改变。翻译一下就是：该死的，这太复杂了！

一直以来，总有一些人在想谈论生理性别的时候，用的却是"gender"这个词，比如怀孕的父母透露他们未出生婴儿的"性别"时。我的理解是，一些讲英语的人继续这样做，只是因为拘谨的西方人太害怕大声说出"sex"这个词。两个人可能会在一段对话中都使用了"gender"这个词，但他们聊的可能根本不是同样的东西。

既然社会性别不是在出生时就已完全形成的，那么我们的每一种不同的性别到底是怎么来的呢？这似乎不是一个语言问题，有些哲学家的理论认为，性别实际上是通过语言本身构建出来的。他们的观点是，人们并不是因为属于某种性别所以会那样说话，他们不是简单地用语言来反映自身的性别——比如说，因为你知道自己是女人，所以就把自己称为"女人"；或者你只使用"女性化"的脏话，比如"gosh darnit"而不是"goddamnit"（天杀的），因为你从小就被教导要有礼貌——事实恰恰相反：人们之所以被归类为某种性别，是由于受到了他们说话的方式，以及自己在交谈中收到的反馈的影响。语言才是社会性别诞生的温床。

我们一直处于持续不断的、使用语言来构建性别的过程之中——20 世纪 90 年代，加州大学伯克利分校的性别理论家朱迪斯·巴特勒（Judith Butler）首次提出了这一概念。她提出了一种叫作"性别操演"（gender performativity）的理论，其核心含义是社会性别并不意味着你"是"谁，而是你"做"了什么。在巴特勒看来，当我们做某些事情，我们才成为"人"，在此之前，"人"并不存在。也就是说，一个人是谁与一个人所做的事情是"同步"产生的；当你在了解与参与社会实践的时候，你和你的社会性别身份就会同时浮现出来。

所以我们使用的词语不仅反映了我们是谁，而且还能动地创造了我们的身份。这是怎么实现的？一种主要的方式是，人们通过特定的标签、代词和称呼来认定自己的社会性别。顺性别（cisgender）、跨性别（transgender）、灰色性别（graygender）、泛性恋（pansexual）、无性恋（asexual），以及其他各种性别和性向认同术语不在本书的讨论范围内，只需知道这一系列词汇是不断演化发展的就行了。这些词汇对于一些人来说很难理解，但重要的是你得明白，它们的存在并不是为了让你挑个新标签来代表自己，以此显得你时髦又前卫，然后在感恩节聚会上把家族里的老一辈们说得或气得晕头转向。*社会语言学家一致认为，创造这些不同的性别类型与人类对划分物种类型的深层次渴望——

---

* 我倒是听说过一种性别身份被称为"genderfuck"，指那些表现出矛盾或不协调的性别信号的人，有时也被称为"genderpunk"。这类人可能会化妆，但也会留胡子，可能会交替使用各种不同的人称代词，有时用"she"，有时用"he"，有时用"they"。我想这样的身份肯定会让大多数祖辈老人家摸不着头脑，这就是我说的问题所在。

识别生物群体，将其分类，并试图找出它们彼此之间的关系——有关。这是分类法的一种形式：我们创造这些标签来帮助我们理解周围的世界和我们自己。

将不同的性别和性向进行分类以便更好地理解，这种需求不是什么新鲜事。在19世纪的德国，有一个非常强大的研究机构，叫作"科学-人道主义委员会"——现在被公认为第一个LGBTQ+权利组织——专门致力于这种精确的分类。该组织由犹太医生、性学家马格努斯·赫希菲尔德（Magnus Hirschfeld）创立，他的研究内容是柏林人的性向和性行为。赫希菲尔德被称为"性学界的爱因斯坦"，他是最早认识到存在性别光谱——与男性—女性、男人—女人的二元划分相对——的西方科学家之一，他建立了一个类别系统来描述这个连续体中不同的点。赫希菲尔德的分类涵盖了64种可能的性向和性别类型，从男性化的异性恋男性、女性化的同性恋男性，到"transvestit"（异装癖者）——这是他在1910年创造的一个术语，现在我们称这些人为跨性别者。在赫希菲尔德看来，每一种性别标签都有一个独特的、准确的、基于生物学的定义，就像从环节动物到刺胞动物，每一种无脊椎动物都有一个这样的定义。

在接下来的几十年里，科学家们逐渐意识到，不能单纯地基于生物学来划分或解释人类的性别和性向，人类的大多数现象——从智力到成瘾——在某种程度上其实是由先天和后天因素共同作用产生的。尽管如此，赫希菲尔德的贡献仍然是重大的，他为这些看似无法解释的个体身份寻求命名和生物学基础的冲动非常合情合理。他认为，如果他能对不符合传统二元标准的性别和性向提出科学解释，给它们命名并证明它们不是道德缺陷，那么就会改变很多人的政治处境。在赫希菲尔德的时代，以及整个19世纪和20世纪，性别和性向超出二元标准的人群会遭到法律的严惩，这不仅限于德国，包括美国在内的大多数西方国家都是这样。赫希菲尔德和他的同事们相信，只要能够科学地验证那些被视为"反常"的身份的合理性，那么或许就能推动法律的变革。

　　幸运的是，如今你再也不会因为你想和谁上床或者你的性别而被逮捕了——尽管仇恨犯罪仍然十分普遍——至少在大多数英语国家是这样。但人们仍然强烈地需要找到一种语言来描述这些不同的身份。我们仍然渴望标签。语言学家说，这是因为语言具有使经验合理化的力量，类似于一个想法只有被正式命名才能生效。"这显然能赋予人们力量，让他们发现自己不是唯一拥有这种体验的人，而且这种体验是可以命名的。"加州大学圣巴巴拉分校的性别和语言学者拉尔·齐曼解释道。但并不是每一个人都能被划分到现有的类别中并因此感到被赋权，可能将来有一天，非标准的性别和性向会被世人广泛接受，那么到时候这种标签光谱就没有必要存在了。但目前来讲，标签可以使许多曾经感到被孤立和被忽视的人们得到认同。

　　到21世纪第一个十年中期，"nonbinary"（非二元）一词开始进入日常词汇。2018年，加利福尼亚州成为首个将非二元性别作为第三个类别纳入官方出生证明的州，这样那些间性人和／或非常规性别者（gender-nonconforming）就拥有了日后合法更改自己性别身份的权利。一年之后，俄勒冈州成为第一个允许在驾照上使用非二元性别符号"X"的州。随着人们对性别的态度缓慢但持续地改变，我们的语言也会发生变化。

不过，在非标准性别方面，讲英语的人可别以为只有自己是具有创造性或进步的。因为西方人绝不是描述性别光谱的先驱。在世界的每一块大陆上，几十种繁荣的文化自人类文明诞生之初就承认了多元性别的存在，并提供了描述三种或四种，有时是五种性别的词。正如语言学家萨利·麦康奈尔-吉内在她的定义中提到的那样，社会性别的差异不仅存在于人与人之间，不同文化群体之间也存在差异，这取决于人们如何理解特定的身体和行为。

在印度，"hijra"（海吉拉）一词指的是被认为既不是男人也不是女人的人。一些美国人可能会将海吉拉描述为出生时被指定为男性（AMAB）*的跨性别女性。但在印度文化中，海吉拉完全是一个独立的第三性别，在社会中扮演着特殊的性别角色，是不参与生育的神话人物，这使他们拥有了保佑别人生育或者诅咒别人不孕不育的力量。

印度尼西亚的布吉斯人有五种社会性别：女人、男人、"calalai"（错误的男人）、"calabai"（错误的女人）和"bissu"（神的使者）。"calalai"是AFAB，但呈现出男性化的性别身份；

---

* ICYMI：描述一个人在社会性别之外的生理状态，不要说"生理女性"或"生理男性"，更让人接受的说法是"AFAB"或"AMAB"，分别代表"出生时被指定为女性"（assigned female at birth）和"出生时被指定为男性"（assigned male at birth）。这样说的意思是，一个人的生理性别并不一定是一个"生物学事实"，而是医生在简单评估婴儿生殖官，并未考虑婴儿其他性征的情况下做出的判断——当然，医生也不考虑婴儿的自我性别认同，毕竟新生儿还没有自我性别认同意识。另外，既然我们谈到了缩写，ICYMI代表"in case you missed it"（以防你错过）。ICYMI。

"calabai"是AMAB，但呈现出女性化的性别身份。"bissu"是"超越一切的性别"，意思是他们身上同时具有所有性别身份，在布吉斯人的传统中扮演着关键的角色，有时等同于基督教的司祭。

在美洲原住民祖尼人的部落中，有一种第三性别被称为"lhamana"，亦被描述为混合性别或"双灵"（Two-Spirit），指的是同时以男人和女人两种身份生活的人。"双灵"其实是AMAB，但他们既穿男装也穿女装，主要从事传统的女性工作，比如制陶和烹饪。最著名的"双灵"之一是威瓦（We'wha），她是19世纪末访问美国政府的祖尼代表团成员之一。威瓦在华盛顿特区待了六个月，据说她在那里深受喜爱。华盛顿政府的那些白人兄弟们完全不知道威瓦不是他们标准中的"女人"，他们只觉得叫她"女人"很合适。但回到祖尼部落之后，威瓦使用的是完全不同的性别标签。

更令人着迷的是，社会性别并不是落在光谱内的唯一身份，生理性别/身体上的"男性"与"女性"也存在着文化差异。在多米尼加共和国，一种名叫5-ARD的罕见遗传性间性状况的出现率非常之高。具有5-ARD的婴儿出生时有可见的女性生殖器，但在青春期，他们的身体从脸到下体开始变得男性化，到成年时，他们看起来就是毛发旺盛、胸围宽大的男人。在多米尼加文化里，具有5-ARD的人被称为"guevedoces"，字面意思是"12岁的阴茎"。他们会被当作女孩抚养，但青春期一过，他们余生都被认为是男人，而且常常会起一个新的、男性化的名字。在多米尼加人看来，"guevedoces"不过是身体和思维突然变成"男孩"的"女孩"罢了。

在一万英里之外的巴布亚新几内亚，5-ARD 的数量也明显很多。但与"guevedoces"不同的是，这些人并不是先被认为是女孩，然后是男孩；相反，在青春期前后，他们会被视为第三种完全不同的性别。他们被称作"turnim-man"，并被人们认可为他们的终身性别身份。也就是说，尽管这些人和多米尼加的"guevedoces"有着相同的身体——相同的 XY 染色体，相同的难以界定的生殖器——但巴布亚新几内亚人出于不同的文化认知，为他们赋予了不同的称谓。

在英语中，我们不断想出新的名称来描述性别光谱中的不同部分。我们正身处这样的文化时刻：齐曼所说的"自我定义"正驱动并影响着我们看待性别和整个人类社会的方式。多亏了互联网、个人品牌和其他关于个人主义的现代观念，我们每个人都可以用自己的方式来定义自己在这个世界上是谁，而且可以在一生中不断调整这些定义。我们毕竟不是环节动物，也不是类人猿；我们是有着复杂思想和经历、不断演化着的人类。我们身份中的任何一个方面几乎都不能用死板僵化的术语来定义，包括社会性别。不论你的身体、言行习惯、穿衣风格是怎么样的，如果你是一个女人，那么你就是自我认同为"女人"的人。"这实际上抛弃了传统偏见，即女人把自己看作女人，因为她们小时候都喜欢玩洋娃娃；男人把自己看作男人，因为他们都喜欢体育运动。"齐曼说。这些外在特质不再是能定义我们性别的要素。"与此相反，"他说，"你的性别认同只与非常个人化的、发自内心深处的'我是谁'的直觉感受紧密相关。"

如果"woman""female""man""male"这些词没有明确

的定义，那么我们怎么知道该如何使用它们呢？恐怕没有什么所有人都能遵循的简单规则，在任一不同情形下，谈话的语境和意图都是需要考虑的因素。我就有自己的语言偏好。比如说，如果有人想称呼我为"woman writer"（女作家）或者"female writer"（女性作家），我很无所谓，反正我总是写很多与女人紧密相关的内容。但是有些词就让我十分厌恶，绝对无法接受。我不喜欢别人叫我"ma'am"（女士，夫人）*，这让我觉得自己像个黄脸婆——在我们的文化中，黄脸婆不是一个女人应有的样子——我也讨厌被人叫"miss"（小姐），听起来有点小瞧人的意思。男人可太幸运了，不管他们年龄多大、结没结婚，都只会被叫作"sir"（先生）而已。

几年前，我也对讲英语的人如何使用"you guys"产生了兴趣。"guys"既轻松又友好，经常被用来称呼任何性别的一群人，而且还解决了英语中没有第二人称复数代词的语法问题。很多人真诚地相信"guys"已然变成了中性词。但是学者认为，"guys"是又一个男性化的类指，只是用起来比较舒服而已。"you gals"（姐妹们）这种叫法绝对不会赢得同等的喜爱，而且就连积极避免使用含有性别偏见的词语的人们，也还是用"guys"称呼别人，仿佛这个词就不带性别倾向似的。20世纪80年代以前，"guys"

---

* 并不是所有讲英语的人都认为"ma'am"这个词令人讨厌。在英国英语中，这个词被认为是非常正式和恭敬的，人们只会用它来称呼贵族，而不是普通人。我在美国南方的朋友们也普遍认为，"ma'am"大部分时候是一种礼貌称谓，是人们应该使用且期望听到的礼貌用语，他们会用"ma'am"来称呼任何年龄、任何婚姻状况的女性，包括教师、岳母、年轻女孩。礼貌用语的使用规则在不同语言和不同文化中的确存在极大差异。不过，我个人仍然讨厌"ma'am"。

只被用在男人身上，当它演化为将女人也包含在内的称呼时，众多社会语言学家惊掉了下巴。哈佛大学的语言学家史蒂文·J.克兰西（Steven J. Clancy）曾评论过这种用法："在'政治正确'导向的语言改革压力下，我们正亲眼看见一个新的类指名词朝着与我们的期待完全相反的方向发展。"这也就是我不用"you guys"，而是选择"y'all"作为第二人称复数代词的原因，正如我 50 多页之前提到的那样。

但并不是所有人都对上述用法有意见。我可不会一听到有礼貌的陌生人叫我"miss"或者把我归入"you guys"就立即纠正，那可太让人尴尬了。但我可以自信地说，在日常生活中，尤其是所谈话题与性别无关时，如果我们可以用一种不预先假设他人性别——性别问题过于复杂——的方式称呼对方，特别是我们不认识的人，不失为一个好选择。这很容易做到的，比如用"folks"（各位）等中性词来代替"guys"或"ladies"（女士们）；或者就彻底省略性别相关词语，比如不说"Excuse me, ma'am"（劳驾，女士），只说"Excuse me"就很好。

另一种可以让我们的语言更包容的做法是，当谈话内容与性别相关时，用词选择要更具体。假设我们在谈论生殖健康。我们不应该说"女人应该定期接受宫颈癌筛查"，我们可以说得更具体："有子宫颈的人应该定期接受宫颈癌筛查。"齐曼说，这样的说法是很好的示范，因为它并不暗示任何性别。而且这种更具包容性的说话方式其实也表达得更准确，因为并非所有女人都有子宫颈，并非有子宫颈的就一定是女人——有子宫颈并不会让你成为一个"女人"，这只是说明你是一个有子宫颈的"人"。"有子宫颈的人"也是一种更巧妙的营销用语。

这些细微的语言调整会促使人们对社会性别和生理性别多元性的接受程度提高吗？强迫人们说"hi, folks"，而不说"hi, guys"，或者让人们称呼伊冯娜·布里尔为"工程师"而不是"女工程师"，真的能从整体上改变人们对性别的看法吗？

语言学家承认，这在实践中很难判定。然而，我们清楚的是，即使改变我们自己的语言不一定会改变我们的想法，但是我们从别人那里听到的语言却可以。例如，假如有餐馆规定店内不能再称呼人们"女士们""先生们""某某夫人""某某先生"，而是统一使用中性称谓"顾客"和"Mx."*，肯定会有某个服务员从心底反对这种规定。但是经理会让这个服务员遵守规则，对餐厅的顾客——包括小孩子——使用中性称谓，那么听到这些称谓的人很可能就会受到积极影响，就算说话者的想法没变化也不重要。

世界上确实有些地方实行了这种规定，并且起到了效果。2017 年，Vice 传媒†的一部纪录片记录了瑞典幼儿园里两名儿童的成长，他们是 AMAB，但名字中性，留着长发，被允许玩他们喜欢的任何玩具，从恐龙到指甲油什么都行，玩什么玩具跟他们的性别没有任何关系。在瑞典，自 1998 年以后，学校强化性别刻板印象的任何行为都会被视为违法。与此同时，政府会资助"性别中立"的幼儿园，在那里你会发现老师叫孩子们"朋友们"而不是"男孩""女孩"；课堂教学使用的是中性的工具，例如

---

*　这是一个无性别的尊称，首创于 20 世纪 70 年代，2017 年 9 月正式被编入《韦氏词典》。

†　一家北美数字媒体和广播公司，主要面向青少年和年轻人群体。——译注

大自然和橡皮泥；用毛绒动物替换掉了玩具娃娃；书中对人物的描绘也挑战着传统的性别角色，比如女性海盗、女同性恋国王、背着婴儿惩恶扬善的蝙蝠侠。毫无疑问，瑞典女火箭科学家的讣告开头也绝不会是"她一直陪伴在工作经常变动的丈夫身边"。

话说回来，《纽约时报》那位撰写伊冯娜·布里尔讣告的专栏作者，不出大家所料，是个男的。自现代英语出现以来，新闻业就像大多数涉及语言的正式行业一样，一直由男性主导。但是，如果摆脱了男性和男性的影响，语言听起来会是什么样子的呢？我们很幸运，社会语言学家对这个问题已经做了研究：当女性同时是说话者和倾听者时，我们的词汇会发生怎样的变化？专家们的研究已经深入这些珍贵的空间——女性合租的公寓、女子垒球联赛的球员休息区。在这些地方，女性暂时逃离了一个由男性掌控的社会，以及它附加在女性身上的观点和期待。实话实说，专家们的发现令人十分振奋。

第三章 "嗯哼，姐们儿，你说得对"

男人不在场时，女人之间怎么说话

1922 年，奥托·叶斯柏森教授 * 出版了他的杰作《语言论：语言的本质、发展和起源》(*Language: Its Nature, Development and Origin*)。《语言论》是那时对人类语言的起源和发展描述最为详尽的著作。当时 62 岁的叶斯柏森是丹麦哥本哈根大学的语言学家，他的研究专长包括句法，即对句子结构的研究，以及早期语言的发展。他的《语言论》非常详尽，涵盖了语音、单词、语法、言语的起源——这些都是原本的章节标题，甚至还有一章就叫《女性》。

叶斯柏森在《女性》一章中，探讨了女人的日常说话习惯，及其与男人语言习惯的区别。该章节是他对"girl talk"（女生悄悄话）的解读。其与《语言论》全书的关系，可以做一个类比：

---

* Otto Jespersen，丹麦语言学家，研究范围涵盖普通语言学、语法学、语言哲学、外语教学等多个领域，是学界公认的英语语法权威。——译注

你可以把《语言论》看成一本巨大的、颇有威望的医学教科书，全书大概要到三分之二的位置，才给"女性健康"留了一个章节的内容，有且仅有此一章。仿佛在说，好吧，世界上有身体，也有"女人的身体"，而女人的身体是一个完全不同的主题，只值得我们花大约 10.4% 的注意力稍作讨论——这个比例就是《女性》一章的篇幅在《语言论》（共计 448 页）中所占的比例。顺便提一下，这个有关医学教科书的类比不是凭空虚构的，专门针对全世界医学院文献中性别偏见的研究发现，即使在看似客观的教材中，男性的身体——就像男性的说话方式一样——一向被认为是具有代表性的常态，而女性身上经常出现的症状却很少被关注，甚至完全被忽略。以心脏病为例，它是 2015 年美国女性的头号死亡原因，比癌症致死人数的总和还要多。心脏病致死人数中有超过一半是女性，而男性患者却更有可能被诊断出来。为什么？这是由于医学教科书和论文大多不把女性作为研究对象包括在内，而女性患有心脏病时的症状通常与男性患者不同，比如女性患者会感到恶心和颈部不适，而男患者感到的是胸痛。这导致许多医生根本不知道如何识别、诊治女性心脏病患者。

叶斯柏森的书就犹如这类医学教科书，只是研究对象换成了语言。纽约大学的语言学教授路易丝·O. 沃什瓦里（Louise O. Vasvári）对《女性》这一章就颇有微词。"他的书里没有任何一章叫作《男性》，更没有《年轻男人》或者《老年男人》，或者任何少数族裔男人的独立章节，"她哀叹道，"因为《语言论》当然是男人的语言，然后突然出现这么一章说，哦，这些女人和她们的语言多么有趣、多么奇怪。"

没有任何实证研究的支撑，仅凭他个人所知的关于女人的传闻，再加上流行文本的大杂烩，比如莎士比亚戏剧、杂志文章、匿名的法国谚语等，叶斯柏森就断言女人的说话方式比男人低劣得多，她们既不精通语汇语法，表达也不怎么高效。他的著名结论包括："与男人相比，女人更常话没说完就突然中断，因为她们开始说话之前没想清楚自己要说什么"，"一般来说，女人的词汇量远不及男人"，以及"顶级的语言天才和最糟糕的语言低能现象在女人当中都是非常罕见的。伟大的演说家、最著名的文学艺术家都是男人"。

"太荒唐了！"在《语言论》成书95年之后，沃什瓦里教授冷冷地回应道，"满纸胡说八道。"

但是实际上，叶斯柏森有一部分是在信口胡说，有一部分并不是。有的结论绝对是他没有数据支持的瞎诌，例如"男性对单词的声学特性更感兴趣……一个男人会反刍（cud）单词以确定其给人的感受……从而为恰当使用最合适的名词或形容词做好准备"。没错，你看到了"cud"这个词，我认为可以把它放入最恶心的英语单词列表里，紧挨着"moist"（湿润）、"panties"（女士内裤）和"pustule"（脓疱）。

但有一个观点并不荒谬。叶斯柏森是最早提出如下观点的语言学家之一：人们说话的方式，以及言语如何被感知，可能和一个人是男是女（或者我们后来发现的性别光谱上的不同位置），以及这些性别角色如何被看待有关。

英语中最常被误解的语言风格就是女人之间的谈话方式——当男人不参与会话时，女人和女人之间如何说话。人们关于"女生悄悄话"——女人之间的交流总是被贴上这样的标签——的很多想法，通常是基于文化层面对女性的这些臆测：女性更情绪化，对自己更不确信，天生更倾向于谈论所谓的无聊话题，比如唇彩和卡戴珊家族。"女生悄悄话"这个标签的含义就是，女人之间的谈话既愚蠢轻浮又矫揉造作，它还暗示女人私下里的交谈都是这样的。如果最高法院大法官露丝·巴德·金斯伯格（Ruth Bader Ginsburg）和索尼娅·索托马约尔（Sonia Sotomayor）在听证会间隙相遇在洗手间，她们在洗手池边的交流也算"女生悄悄话"吗？

先不论这个标签怎么样，我相信大多数女性都能感觉到女人之间交流的方式的确有一些特别之处——不是像叶斯柏森以为的那样特别"低劣"。女性从小就成长在充斥着严苛言行标准和期待的文化环境中，而女性被要求"应该"遵守的与世界对话的方式——不论是在会议中，还是在超市的队伍里——某种程度上其实是一种精心策划的表演。"别问太多问题，否则你听起来会很不自信；不要说任何孩子的任何不好，否则你会让人觉得你是一个没有母性的反社会人格；不要总是聊《美国白马王子》，这样显得你特别粗俗。"无论你的性取向或性别表现是什么，一个人只要曾经是女性——出生时被指定或是自我认同为女性——都不可避免地要被迫遵守父权制度为女性设立的一系列言语标准。

那么，女人和女人独处时究竟怎么说话？语言学家的研究数据所呈现的全由女性参与的会话是什么样子的？女人之间的交流真的不如男人之间的交流有意义吗？这些答案又会如何让我们进一步了解女性气质呢？

自叶斯柏森的时代起，语言学家为以上问题找到了一些答案。英国罗汉普顿大学的语言学家珍妮弗·科茨（Jennifer Coates）是研究"女生悄悄话"的最重要的学者之一。年过七旬的科茨在性别和会话风格领域有超过 30 年的研究经验；尽管她从来不使用"女生悄悄话"这个短语，但她的研究为这样一个观点提供了充分的支持，即当女性身边只有其他女性时，她们的交流方式往往会有所不同。在过去的几十年里，科茨和她的同事们仔细研究了许多不同的全女性群体和全男性群体的语言风格，也就是"性别语言"（genderlect）。他们研究了不同的年龄、种族、文化、性别和社会经济阶层，虽然这些因素千差万别，更不用提这些会话的语境有多少差异（从早午餐桌到会议室，会话当然不总是一样的），但有一个观察结果是不变的：男人的语言风格可以总结为有"竞争性"，而女人之间的交谈具有"合作性"。

分析几百份全男性会话的记录，你通常会发现有一个主导者掌控着整个会话，而另一个从属者在等着轮到自己回应，这种会话具有垂直的等级结构。但全女性会话往往更平面化，也更有可塑性，谈话中的每个人都是平等的参与者。男人倾向于将会话视为建立等级和表达个人成就的竞技场，而女人的目标一般是支持其他说话者并增进团结。因此，女人之间的对话是建立在对方说的话的基础上，逐步推进的。

人们对男人和女人的语言风格有很多误解，特别是他们谈论的话题。你可能听过这样的陈词滥调：女人谈论"人"，而男人谈论"想法"。与此类似的刻板印象是总觉得女人聚在一起就只会小打小闹、涂指甲油、谈论她们喜欢的明星。就连一些最敏锐的媒体人也仍然相信这种刻板印象。2016 年，作家安德烈娅·武尔夫（Andrea Wulf）凭借其所著的普鲁士博物学家亚历山大·冯·洪堡（Alexander von Humboldt）的传记获得了英国皇家学会科学图书奖。英国《卫报》的一名男记者撰文推断，女性作家之所以开始获得更多科学图书奖，原因不是撰写科学书籍的女性变多了，而是"女性科学作家""更倾向于关注人，而她们的男性同行更倾向于关注一个具体问题、一个奥秘，或者一个新的科学领域"。他话里有话，意思是真正发现新事物的是男人，女人只会在那里讲温暖舒心的故事。

在珍妮弗·科茨看来，确实，女人谈话的话题常常围绕人和情感展开，而男人们则倾向于谈论事物和事件，比如体育[*]、电子产品、时事。当然，这个说法比较笼统。但归根结底，这些都是谈论"想法"的方式。我注意到最近我的三个朋友之间的一次谈话，讨论的话题以这样的精确顺序出现：沉迷社交媒体、性工作、素食主义、戒酒、博士项目，以及正在洛杉矶市中心进行的对一桩谋杀案的审判。在我听来，这些都是"想法"。

"人"与"想法"对立的刻板印象助长了这样一种错误观念：女人彼此交谈就是在"闲聊八卦"（gossip），是无意义、琐碎的；

---

* 我觉得最成问题的文化信念之一是相信观看、参与和谈论体育比赛比喜欢美容和时尚更有价值、更高级。我曾经在一家美容杂志工作，那里的大部分员工都是女性，但有几位高层管理者是男性。你很难不注意到这些家伙为了彰显自己的男子气概有多么努力：他们在公司内部做演讲时总是不厌其烦地用体育运动打比方，然后立即表示这种比喻恐怕超出了我们这些愚蠢女人的理解范围。客观地说，讨论谁赢得了世界职业棒球大赛，并不比讨论谁在纽约时装周呈现了最漂亮的时装秀更复杂、更重要。只不过前者更以男性为中心就被认为更重要罢了。好了我耳朵已经冒烟了。

男人的交谈则是"谈笑风生"（banter），更睿智、更成熟，而且他们从不会堕落到讨论不在房间里的人。2011 年，语言学者约翰·L. 洛克（John L. Locke）写了一本书，名叫《决斗与二重唱：为何男人和女人说话如此不同》（*Duels and Duets: Why Men and Women Talk So Differently*）。他在书中写道："如果男人有话要对敌人或竞争对手说，他们一般都会走到对方面前直接说。"

跟叶斯柏森一样，洛克的这个论断也完全没有数据支持。然而，有大量数据支持的事实是，闲聊八卦是一种有用的、目标驱动的行为。我们的语言学家德博拉·卡梅伦曾解释道，仔细分析就能发现，闲聊八卦能达到三个主要目标：（1）交换个人信息，让一个社交圈内的人相互熟悉；（2）使参与闲聊的人形成一个小团体，加深彼此之间的联结；（3）加强该团体对某些价值观或规范的认同和遵守。

绝对不只有女人喜欢这种谈话。英语语料库也提供了无数男人之间闲聊八卦的例子，其中最著名的或许是令很多人都印象深刻的一段对话：2005 年唐纳德·特朗普和前《走进好莱坞》（*Access Hollywood*）节目主持人比利·布什（Billy Bush）趁着电视明星南希·奥黛尔（Nancy O'Dell）不在场闲谈的录音。我要指出一件重要的事，就是很多政治评论家忽略了谈话中说话人的态度。首先，我们来回顾一下谈话内容：

唐纳德·特朗普：我直接压在她身上，但是没得手。她已经结婚了。我突然又见到她时，一眼看见她的假大胸，她还整了别的地方。简直完全变了一个人。

比利·布什：哎哟，你的女人超正点。她穿着紫色的……

唐纳德·特朗普：对，就是她，金头发那个。我最好吃点薄荷糖，一会儿我要亲她。你知道，我就是天生喜欢美女，看见她们我就会直接亲上去。她们就像磁铁一样。我都直接亲，根本不等。而且你成明星之后，她们就会让你亲。你想干什么就能干什么。

比利·布什：你想干什么都行。

唐纳德·特朗普：一把抓住她们的屄。

比利·布什：[笑出声]

唐纳德·特朗普：你想干什么就干什么。

2016 年这段录像曝光的时候，从美国政府到主流媒体都指责特朗普的言论"下流龌龊"，吹嘘炫耀性骚扰经历，恶心至极。但这些批评其实并不够准确。仔细看你会发现，特朗普并没有"吹嘘炫耀"，他一开始说的是自己勾引女人"失败"的经历。特朗普说这段对话只是"更衣室闲聊"（locker-room banter），很多人对此表示异议，但从学术上来讲，这个分类的确更准确。

"更衣室闲聊"只是听起来更男性化的"闲聊八卦"，如德博拉·卡梅伦所言，这是谈论不在场的人的行为，其目的是建立交谈者之间的情谊和小团体内的规范，实现手段是把不在场的被议论对象划归为"外人"，以及使用尴尬的个人经历和粗鲁的语言来交换信任。特朗普并没有借助吹嘘自己的经历来交换信任，而是通过承认自己曾经没能说服一个女人跟他上床的失败经历来传达信任。他接着批评这个女人的外貌（她的"假大胸"），然后继续说"一把抓住她们的屄",比利·布什于是大笑起来。他的言语下流且厌女,但它主要是一种建立联结的仪式。正如卡梅伦所说:"就像分享秘密一样,分享这类越界或冒犯的词语是亲密的象征……这样做的含义是:'我通过说一些不想让全世界听到的事情,用一些不想让全世界听到的词语来表明我信任你。'"这是在邀请听者与自己互动。当特朗普讲述他试图与一名已婚女性发生性关系却没有成功的故事时,这种脆弱的坦白让比利·布什觉得,他们是可以相互依赖、无话不谈的好兄弟。分析起来,特朗普就是在闲聊八卦。从某种程度上来说,所有男人都会闲聊八卦,尽管内容并不总是如此卑劣。问题在于,"gossip"这个词*及其包含的琐碎内涵,被误认为是女人专属。

不过,现代语言学家一致认为,女人之间的对话与男人之间的对话在一些关键方面有所不同。2004年,珍妮弗·科茨写了一本书《女性、男性和语言》(*Women, Men, and Language*),书中描述了她在全女性交流中观察到的许多默契技巧,如果你深入思考,就会发现这些技巧实际上证明女人在语言上相当"天才",这推翻了奥托·叶斯柏森的论断。

在她的书中,科茨揭开了人们常用的语言策略"模棱两可"

---

* "gossip"一词并非一直都有这样的负面(或性别化)含义。"gossip"的名词形式起源于古英语单词"godsibb",意为"上帝的兄弟姐妹",或者一个孩子的教父或教母,单词本身没有性别倾向。我们要把这个词的词义转贬部分归咎于莎士比亚,他给女性角色——从来不给男性角色——的"gossip"附加了贬损含义,比如《泰特斯·安德洛尼克斯》(*Titus Andronicus*)中的这句话:"她这个搬弄是非的长舌妇(a long-tongued babbling gossip),难道要她活在这世上,泄露我们的罪恶吗?"

（hedging）的神秘面纱。语言学家所谓的模棱两可，指的是人们讲话时对填充短语（filler phrases）的使用，例如，"just"（就，只是）、"you know"（你知道）、"well"（嗯，好）、"so"（那么；所以；嗯）、"I mean"（我是说）以及"I feel like"（我觉得）等。这些短小的口头禅备受争议，最早正式谴责它们的现代语言专家之一是加州大学伯克利分校的学者罗宾·拉科夫。早在 20 世纪 70 年代，拉科夫就指出使用模糊限制语是犹豫和缺乏自信的表现。她认为，正如社会训导女人怀疑自己身体的吸引力，"长久以来，这种文化氛围中的女人要通过表现出对自己话语正确性的不确定，才能获得安全感"。拉科夫说，女性相信，自己说话时犹豫不决才能被听者接受，因此她们会用"just"和"you know"这样恭顺的短语来削弱她们话语的说服力，例如："I <u>just feel like</u> maybe we should push the deadline to Friday, <u>you know</u>?"（"<u>你知道</u>，我<u>只是感觉</u>也许我们应该把截止时间延长到周五？"）

对于女性屈从于这种期望的问题，拉科夫的观点是，过多使用"just""you know"这类填充短语来表现得甜美和自我怀疑，对于女性在社会中的整体地位毫无裨益；相反，这种做法会强化"女人天生善良软弱、没有安全感"这一刻板印象。因此，女性应该彻底停止使用这些填充短语。如果你是一名女性，你可能听到过老师或家长在某个时候对你提出类似的批评，希望借此帮助你在面试或演讲中听起来更"权威"和"自信"。

但是语言学家发现，填充短语其实可以分为几种不同的类型，而且发挥的作用不尽相同。男性使用填充短语的频率并不亚于女性，而且女性使用填充短语来展现谦卑恭顺的频率也远没有人们误以为的那样高，下一章我们会做更详尽的讨论。人们误以为使用"just""I mean""I feel like"之类的短语是女人犹疑不决的标志，但其实她们只是为了缓和语气。而且有研究显示，填充短语的使用有助于在会话中建立信任和产生共情。科茨解释说，类似的填充短语"被用来维护所有参与者的面子、讨论敏感话题，并鼓励其他人参与进来"。

这些人际交往手段对女性来说尤其易用，因为她们在对话中几乎总会调动情感。科茨收集了一些有启发性的数据，这些数据来自一组女性朋友关于 20 世纪 80 年代初英国臭名昭著的约克郡开膛手案的群体讨论。讲述者回忆说，在追捕行凶者的过程中，警方要求公众把他们自己的家庭成员当作嫌疑人看待。有一次，一个名叫萨莉的女人透露，她曾经有一秒钟认为凶手可能就是她的丈夫。以下划线处是她声明中使用的模糊限制语：

"Oh god yes well I mean we were living in Yorkshire at the time and I—I mean I. I mean I did/ I sort of thought well could it be John?"（哦，上帝，是的。嗯，我是说，那时候我们就住在约克郡，而且我，我是说，我……我的意思是，我的确多少在想，嗯，会是约翰干的吗？）

这段话里的模糊限制语并不代表她犹疑不决，她把句子断开并不是因为——按照叶斯柏森的说法——"没想好自己要说什么"。萨莉清楚知道自己要表达什么，但是由于眼前的话题太敏感，她需要使用"well""I mean"来让自己听上去不那么唐突和冷漠。"这种内心想法的透露很可能会让人颜面尽失，"科茨解释说，"所以说话人需要缓和言论。"

很多情况下都是如此。例如，对一个人说"I mean, I just feel like you should maybe, well, try seeing a therapist"（我的意思是，我只是觉得你也许应该，嗯，试着去看看心理治疗师），比起"你应该去看心理治疗师"是一种更温和、更容易被接受的表达方式。后一种说法虽然直白，但在一场交心的对话中可能会显得冰冷无情。使用模糊限制语的表达更委婉、更包容，让听者感觉更好，并为彼此留下插话或者分享不同看法的空间。而"你应该去看心理治疗师"是一个封闭的句子，不容任何人置喙。

记者安·弗里德曼（Ann Friedman）与她最好的朋友、企业家阿米纳托·索乌（Aminatou Sow）共同主持过一档播客节目《给你的女朋友打电话》（*Call Your Girlfriend*）。后来她写文详尽讲述自己收到了大量的仇恨邮件，批评她在节目中使用了过多的模糊限制语。"像用指甲划黑板"是 iTunes 上的评论者用来谴责她们的描述之一。2015 年，弗里德曼在 *The Cut* 杂志的一篇文章中为自己的语言习惯辩护，这篇文章触及了语言学家对模糊限制语的核心理解，但批评弗里德曼的那些人似乎忽略了这一点："语言表达并不总是必须用最精练简洁的方式亮出观点或传达信息。语言表达往往也是为了建立联系，是为了让你自己被人理解，同时试着理解别人。"

女性高超的交际技巧没有得到公正的评价，不仅限于使用模糊限制语这一个方面。另一个被忽视的技巧被语言学家称作"最小反应"（minimal responses），指的是在别人说话的时候，听者所说的诸如"yeah"（是的）、"right"（对）、"mm-hmm"（嗯嗯）

等小短语，来表示科茨所说的"积极的倾听"。

1995年，新西兰的社会语言学家珍妮特·霍姆斯（Janet Holmes）出版了一本名为《女性、男性与礼貌》（*Women, Men and Politeness*）的书，在书中她引用了下面的对话，对话中两个名叫蒂娜和琳恩的女人在谈论她们喜欢的老师。注意蒂娜说话时，琳恩运用的最小反应策略：

琳恩总是在一个完整的意义单元的结尾，或在停顿间隙恰到好处地插入感叹词，永远不会强行抢过话头或打断会话，它们的作用是向说话者表达认同，同时表明听者在关注对方的叙述进展。这些感叹词使得会话富有成效，因为所有的"mm-hmm"和"yeah"都代表琳恩对谈话的投入和对谈话内容的支持，说明她是一个积极的参与者，而不是一堵任凭蒂娜自说自话的墙。

科茨说，这些策略性的短语"说明女性会在谈话中敏锐地做出最小反应……这是一种成就，体现了谈话参与者在预测谈话如何发展方面所做的努力"。得克萨斯大学圣安东尼奥分校的非裔美国人语言学者索尼娅·莱恩哈特曾告诉我，说非裔美国人白话英语——许多黑人社区中流行的一种系统化的方言——的女性尤其擅长做出最小反应。"你坐在一群黑人女性中间时，会发现她们的对话中有很多闲谈，很多的'mm-hmm'、'girl, you're right'（姐们儿，你说得对），"她说，"黑人女性之间的谈话很大程度上就是在建立共识和团结。"

女性在谈话中用来建立联系的另一种策略是一种特定形式的提问，这也被误解为缺乏安全感的表现。按照拉科夫和大多数讲英语的人的标准，如果一个女人问"太多"问题——其中包括

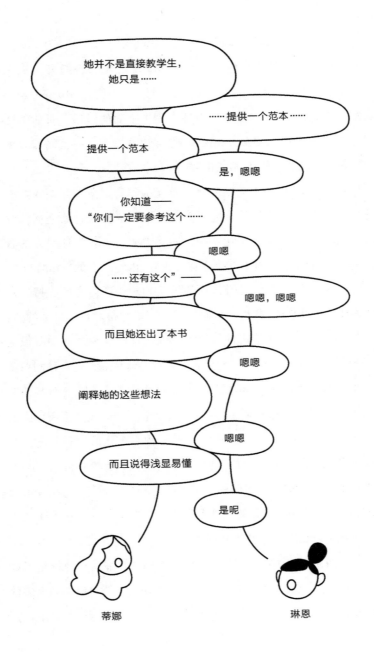

具有陈述功能的问题，例如"现在该去吃晚饭了吧？"，以及句尾附加问句*，例如"今天天气真好，不是吗？"——那是因为她胆小怯懦。但珍妮弗·科茨的研究表明，在女性专属空间里，提问——包括陈述式问题和句尾附加问句——是非常方便的增进合作的手段，由提问可以引入新话题、确认其他说话者的观点，或者开始一段叙述。具体操作例如：一群女性朋友就一个话题——比如她们去过的音乐会——开始谈论她们的不同经历，她们可能都在分享自己曾见过某音乐人的故事，这时一个人问另一个人："嘿，姐们儿，你去年不是见过蕾哈娜吗？"或者："你去看的那场带有狂舞区的精彩演出叫什么？"

科茨发现，当男性互相提问时——他们和女性一样频繁地这样做，但他们从来没有因此被指责缺乏安全感——他们通常是在询问信息和寻求答案，但就女性来说，提问具有不同的作用。女性提问的用意是欢迎每一位参与者加入对话，并保持整体对话的顺畅进行。全女性对话之所以具有精妙的水平结构，是因为任何一个参与者都不将自己定位为当前话题的主导者，而且她们提出的问题都要符合这一要求。"女性不提出寻求信息的问题，可能是因为她们愿意相信说话者'知道答案'，是一个内行。"科茨解释道，"在友好的交谈中，女性会避免把自己当作了解一切的专家，因此也会避免导致谈话失衡的言行。"

女性的谈话也有独特的轮转结构，科茨把这种谈话风格比

---

* tag question，也叫附加疑问句，在陈述句后附加的简短问句，和陈述部分共同构成反意疑问句。——译注

作即兴演奏会。"一场即兴演奏会的决定性特征,"她说,"是整个会话同时对所有参与者开放。"在这类会话中,你可能会听到几个人同时在说话,相互重复或者复述对方的话。谈话中的所有人都在共同构建交谈的意义,所以"每次只能一个人说话"的规则在这里不适用。"几个人同时说话并不会影响理解,"科茨解释说,"相反,这会促进话题在多个层面上向前推进。"

这种即兴演奏会式的轮转结构在全男性的会话中非常罕见。事实上,科茨发现男性会话中最显著的特点之一——一个有助于维持其垂直等级结构的特点——就是他们的会话往往是交替的独白,或者是一名发言者在很长一段时间内持续发言,其间没有任何打断,甚至连最小反应式的插话都没有。这个特点使说话者"成为专家",并向别人展示自己关于某个话题的知识储备。科茨解释说:"因为大多数男人在大多数情况下都会选择'每次一个人说'的轮换模式,所以多人同时说话被认为是反常的、企图抢夺主导权的违规行为。"由于这个原因,男人有时候就认为女人之间即兴演奏会式的多人会话是侵略性的,非常粗鲁。1992年,语言学者玛丽·塔尔博特(Mary Talbot)记录了两对异性恋情侣的四人约会,其中一名男子讲述了自己在机场的一段经历,他的伴侣时不时插话,做一些协作性的评论或表达支持。过了一会儿,这位男士终于忍不住举起双手,说:"我希望你不要再打断我了!"嘻,他要是个爵士乐鉴赏家就好了。

随便看一看全女性会话的记录,你马上就会发现这种即兴演奏会式的谈话是什么样子的。下一页的插图就是很好的例子,那是珍妮弗·科茨收集到的对话记录,她和其他四位讲者正在

玛丽：	我是说，它们能调换词序，然后……	

玛丽：	表达不同的意思 /	
贝亚：	得出一个结论	

贝亚：	（×××）——	
珍：		它们还把两个词组合起来，变成一个合并词 /
梅格：		是啊 /

玛丽：		没错 =
贝亚：		= 嗯嗯
珍：	用来指称原本没有	词汇能代表的事物

玛丽：	没错	代表 巴西果 /
贝亚：		用"石头浆果"代表 巴西果 /
珍：	比如说——	
海伦：	没错 /	

珍：		啊，它们不会是 在 (声调提高)
梅格：	对，还有 "乳液浆果"代表 "呕吐" /	
海伦：	唔 / 天哪 /	（是吗？）

贝亚：		="乳液浆果"代表什么？
珍：	是在模仿它们的训练员吧 =	
梅格：	是啊 /	它——

梅格：	它——它有一天早上把吃下去的酸奶吐了出来，

梅格：	里面有葡萄干 / 然后，呃，它就说了那个词（看起来）

梅格：	——他们问它，那摊，嗯，它叫那摊呕吐物什么

梅格：	它就说"乳液浆果" /	
贝亚：	啊 /	
海伦：	真不可思议 /	

讨论类人猿如何用语言彼此交流。

这段有趣的、书呆子式的交谈展示了科茨所描述的即兴演奏式闲聊的许多元素。梅格、玛丽、贝亚和海伦使用了诸如"是啊""嗯嗯""没错"等最小反应短语来赞同说话者，并把会话向前推进。我们看到玛丽和贝亚在讨论类人猿怎么称呼"巴西果"时，不断地重复对方的话，补完对方的句子，并且异口同声地说话。奥托·叶斯柏森在《语言论》一书中提出了许多让人白眼翻上天的观点，其中一个是："女人之中几乎没有语言科学爱好者。"显然他只是没有认真听女人说话而已。幸运的是，珍妮弗·科茨认真听了。

至于"为什么"女性倾向于以这种交互协作的方式对谈，学者们提出了一些理论。其中最愚蠢的理论之一，来自约翰·L.洛克那类人，洛克曾认为，女人"自然而然地"演化得更倾向于水平式交谈，就像长颈鹿演化出了长长的脖子一样。他的观点是，女人喜欢在背后议论别人、在谈话中喋喋不休，这是我们的祖先被限制在家庭空间——比如厨房中、手工桌旁——导致的结果。待在这些地方的女人骨子里形成了通过吐露隐私并相互认同培养亲近感的倾向。所以女人就应该一直待在厨房和手工桌边。洛克还认为，男人具有竞争性的语言风格是因为他们"被选中去进攻、去主宰，但这可能会导致他们最后被杀死，（所以）他们需要一种更安全的方式来实现这一目标"。因此，男人不再使用真刀真枪拼命，转而选择用言语进行仪式化的决斗。决斗总会产生赢家和输家，即使决斗的传统消失已久，男人依然继续用决斗的形式说话，以分出胜负——至少洛克的理论是这样的。

对于性别化的语言差异，有些解释不那么似是而非。其中一种解释来自语言学家德博拉·坦嫩（Deborah Tannen）出版于 1990 年的畅销书《你根本不懂：会话中的女人和男人》（*You Just Don't Understand: Women and Men in Conversation*）。坦嫩在书中指出，女人和男人的社会化过程是不一样的，从童年开始，女人和男人就生活在两种截然不同的文化和两种完全相反的价值观中，所以他们长大后对事物的理解大相径庭。不是谁更好或更差，只是不同而已。结果就是，男人说话的目的是交流信息，而女人交谈的目的是建立联系。

另一种更为复杂的理论认为，女性的会话风格已经发展成为一种应对策略，能反映出她们在我们的文化中的地位。这个观点受到珍妮特·霍姆斯的启发，她认为我们的社会要求女性成为情感劳动者，也就是成为可以伏在上面哭泣的肩膀并承担同情他人的任务。所以当女人们聚在一起，以水平的方式相互交谈时，基本上你就会看到她们非常出色地同时完成着上述社会期待，并且享受着情感回馈。我想可以肯定地说，任何一个感受过另一个女人的真挚共情和支持的女人都知道，这个过程让人非常有满足感。

但是很难说女性是否天生就更能共情，反正专家学者对此是表示怀疑的。2017 年，性别社会学家莉萨·许布纳（Lisa Huebner）在接受《时尚芭莎》采访时表示，我们应该拒绝的观念是：女人"总是在生理上天生能够比男人更好地感受、表达和管理情绪"，因此应该负责做这些事。当然，有的人的确能够比其他人更好地处理情绪，这是他们的个性使然。但正如许布纳所说:"我认为，我们仍然没有确凿的证据证明这种能力是由生理因素决定的。"

心理学家妮奥贝·韦（Niobe Way）提供了一些令人信服的证据，证明女性并非天生就比男性具备更强的共情和建立联系的能力。2013 年，韦出版了一本名为《深藏的秘密：男孩的友谊和关系危机》（*Deep Secrets: Boys' Friendships and the Crisis of Connection*）的书，探讨了年轻异性恋男性之间的友谊。韦追踪了一组男孩从童年到青春期的成长，发现在小时候，男孩与其他男孩的友谊就像女孩之间的友谊一样亲密和情绪化。男性气质规范被灌输到他们身上之后，男孩才停止向彼此倾诉或表达脆弱的感情。到了 18 岁，社会上"我不是同性恋"（no homo）[*]的信条在他们心中已经变得根深蒂固，以至于他们觉得唯一可以寻求情感支持的人就是女性，而这进一步强化了"女性生来就有义务承担人类情感事务"的偏见。

然而，无论女性合作式的语言风格是不是天生的，我们可以肯定的是，她们中的许多人似乎都十分精于此道。诚然，许多女性并不是主动选择习得共情能力和协作技能的，所以当她们被动地娴熟运用这些技能时，我们不该因此而责备她们。

当然，女性也并不是一向相互关照的。关于女性的语言对抗，

---

* no homo 源自 20 世纪 90 年代嘻哈界，可以译为"我不是同性恋"或者"我没别的意思"，是男性为防止自己因为某些言行而被当作同性恋时使用的短语，例如"That guy is hot! No homo."（那家伙挺帅！没别的意思），或者"No homo but I really need a hug right now."（我不是同性恋，不过我现在真的需要一个拥抱）。——译注

1994 年的一项研究给出了一个有趣的例子。语言学者加布丽埃拉·莫丹（Gabriella Modan）发现，女性之间对话的标准"合作"模式有时候并不会出现，尤其是在犹太女性当中。犹太女性倾向于通过"对立"——也就是像兄弟姐妹一样暴躁地争吵——来建立话语上的团结。莫丹写道："观点对立的讨论本身就能创造亲密感，因为它表明双方的关系足够牢固，可以承受严重的意见分歧。""我早就知道了。"我的姨妈弗朗西非常同意这一点。她是我家族里的犹太女家长之一，在几年前的一个感恩节，我给她大概讲了讲这篇论文。她说："我有几个朋友，我根本受不了和她们聊天，因为我们在任何一件事情上都有分歧。我太爱她们了。"

女性——不管是否是犹太女性——还有其他方式来违抗社会对她们的语言期待，以此摆脱父权制的监视。在 1996 年的一项研究中，得克萨斯大学圣安东尼奥分校的语言学者阿莉莎·布朗（Alysa Brown）录下了女子网球队八名大学生运动员的自然对话，布朗发现在只跟队友交谈时，她们之间言语争斗、自夸和攀比的激烈程度，与一群男人之间的舌战相差无几。其中有一段对话是，一名运动员告诉队友自己上一场比赛的表现多么出色，她说："我可太厉害了，我一个球都没失误……我整场比赛一直在笑，因为对手实在打得太烂了。"这些运动员还使用了更多的脏话，也很少使用合作性的提问；不过，她们的对话依然是（科茨发现的那种）即兴演奏会式的，充满感叹词。综上所述，这些女性的会话同时表现出了典型的男性化和女性化的语言风格。

女性经常同时使用典型的男性化和女性化的会话策略这一观点，其实非常有趣，因为它提出了"女性化的语言到底是什么样的"这一首要问题。这些运动员的语言之所以具有多样性，仅仅是因为大学体育竞技场是一个会激发更多粗俗语言和优越意识的竞争环境吗？还是说与其他任何环境相比，这些球员在队友的陪伴下才感觉最舒服自在、可以不用掩饰真实的自我，而她们的话语反映了这一点？假设后者是真正的原因，那么如果所有女性一直都可以感到轻松自在，她们的交谈和话语听起来会是什么样子的呢？

研究人员偶然捕捉到了一些言语样本，展示了女性完全未经过滤的原始话语的样貌。有一个样本，每次打开文字记录都会使我大声笑出来：20世纪90年代，社会学家珍妮·库克-冈珀兹（Jenny Cook-Gumperz）记录了幼儿园里三个三岁孩子之间的一段对话。这三个小女孩在玩过家家，假装自己是妈妈，玩具娃娃是自己的婴儿。表演家庭场景是这个年龄段大多数女孩都会做的事情——我知道我做过——库克-冈珀兹说，这是因为"妈妈—婴儿"的游戏结构使年轻女孩有机会"探索她们成为'女人'后的性别角色"。这很容易理解，因为长久以来，我们所在的文化环境一直在教我们，当一名好母亲是成为一个好女人的一部分，玩过家家就是对此进行探索的途径之一。

然而，由于没有人在旁边监护，也因为做什么会被打上"坏妈妈"标签的概念还没有完全进入她们的大脑，这些小女孩在游戏中并不总是表现得像"完美"妈妈，有时候其实与"完美"妈妈完全相反。在库克-冈珀兹的录音中，三个女孩正在给她们的宝宝洗澡，其中一个提到水太热了。"我们把宝宝煮了吧！"她的朋友回应说。"好啊！我们把它们煮一遍，再煮一遍！"第三个女孩高声叫道。

幼儿园小朋友的这种明目张胆的杀人行为和没有母性的对话既恐怖又欢快。奇怪的是，我也有类似的童年记忆。记得有一天在幼儿园的课间休息期间，我玩过家家时扮演母亲，假装滑梯下面的空间是地牢，然后我把扮演我孩子的女孩强行锁在那个"地牢"里不让她动，直到我允许她才能出来。"我是你的主人！"我大声宣告。难道我天生是虐恋女主人？

会说出这种话的不只小孩子。1999 年，科茨观察了三个 30 多岁的英国女人之间的对话，她们是多年的好朋友。在录音中，她们在讨论另一个朋友的孩子表现不好，特别是那个朋友永远不允许她们说自己孩子的坏话，这让她们觉得不高兴。"不可否认，"科茨说，"生为女性的负担之一就是被命令必须友善（nice）*。"然而，在私密的谈话中，这三位女士放松了警惕，凭借一个"不淑女"的共同发现——用她们的话来说就是，她们发现那几个孩子"糟糕透顶""令人厌恶"——加强了彼此的联系。

语言学家说，女性之间的这种相互坦白有一个更大的作用，即增进彼此之间的关系。"相互承认'不友好的态度'……和禁忌的感情……能够强化团结。"科茨解释道，并把这类交流命名为"后台谈话"。"在女人们的后台谈话中，我们发现她们放松了，

---

* 又是一个词义转褒的有趣例子。你知道在中古英语中，"nice"这个词的意思实际上是"愚蠢"或者"笨"吗？这个词最早是在 12 世纪通过古法语进入我们的词典的，当时"nice"指懦弱、笨拙的傻瓜。几个世纪间，它的意思逐渐演变成"羞怯"，然后是"挑剔"，然后是"精致"，然后是"小心谨慎"。直到 1830 年，它才拥有现在这个更积极的含义。

放下了她们通常在前台保持的传统的'友善'姿态。像这样的后台'行为不端'——也就是展现我们不那么友好、不那么礼貌和合群的情感——是可以被朋友接受的，甚至是受欢迎的。"

女性之间的后台谈话，其意图与《走进好莱坞》录音中唐纳德·特朗普的下流戏谑没有什么不同，本质上都是建立团结关系和亲近感的手段。但是，特朗普的言谈风格有重大的不同之处。首先，在"更衣室闲聊"中，团结关系并不总是需要通过真诚的相互坦白才能建立，有时只要语言粗俗就能达到效果。因此，听者是否相信他说的话似乎并不重要。特朗普或许从来没有真的"一把抓住"过一个女人的下体，但是在与比利·布什的谈话中，他愿意讲这件令人作呕的事情本身就足以拉近他们两个之间的关系。我敢打赌，世界上的男人们在更衣室里发表的所有性别歧视言论中，至少有 50% 不能真实反映他们在现实生活中的实际行动。他们让自己看起来更下流，只是为了拉近彼此的距离。

而这里有个更大的问题：他们说的话是真是假暂且不提，但是他们闲聊时轻佻随意地交流性侵女性的经历——即使他们在其他方面是"好男人"——是在强化"侵犯女性是可以被接受的"这一错误想法。正如卡梅伦所言，"当你物化一类人，并将其非人化"——无论是女性还是少数族裔，或者两者兼而有之，或者任何人——"虐待他们就会更容易，不会产生任何罪恶感"。对于这种通过兄弟情谊来建立权力，同时排斥兄弟情谊之外的人并将其非人化的社会结构，学者们找到了一个精准的词来形容，即"兄弟权制"（fratriarchy）。许多人认为这个词可以更准确地描述我们的后封建的社会文化结构，这种结构不是由父家长统治的，而是由男性之间建立的兄弟网络统治的。将所有女性因素排斥为异己的后台谈话是保证兄弟权制的围墙坚不可摧的砂浆。尤其当你隶属于其中的某个亲密团体时——就像唐纳德和他的巴士兄弟——你就更难表达异议，因为表示"不同意"就意味着放弃这种兄弟联结和随之而来的权力，因此，你最终也会像比利·布什一样跟着对方一起笑。

然而女性之间的团结不是以上述方式建立的。因为女性在社会的等级结构中处于较低的位置，本身也没多少权力可失去，所以她们在会话中建立纽带的方式是承认她们对性别现状的反抗，而不是尽自己所能去迎合现状。因此，当女性通过会话建立群体内部的联系时，她们的陈述必然是百分百真实的，否则这就不是一个值得分享的秘密，也不可能达成交流目标。

然而，无论我们最终做了多少研究，汇编了多少语料库，我们永远无法真正知道女性最纯粹的谈话是什么样子的。即使在女性感觉最放松的时候，社会期待仍然盘旋在她们的头顶上，导致她们总是下意识地检查自己和其他女性的说话方式是否过于"后台"。科茨回忆起她录音中的一个例子，一个十几岁的女孩透露说，她幻想她班上的一个男孩"把发胶涂在他的阴毛上，然后梳毛"，此时她的一个朋友以不赞成的口气惊呼道："劳拉！"不论谈话对象是谁，女性总有保持"正常"和"友善"的压力，这也是一直阴魂不散的桎梏。"我们当中没有任何一个人能彻底摆脱保持某种前台姿态的需要。"科茨说。

尽管女性能够在其他女性的陪伴下完全放松警惕，但是有时候她们在特定的环境中仍然会保持某种性别表演，我承认我不知道应该如何看待这一点。一方面来讲，这是一件相当美好的事情——在世界上有着相似经历的女性坐在一起，利用微妙的语言线索来连接彼此，并由此感到被理解。但是从另一方面来讲，这是否意味着我们在这种私密环境之外隐藏了什么？

我并不是唯一一个对该现象持矛盾态度的人，科茨也十分纠结。"在后台谈话中公开展示颠覆传统女性气质的另类言行，是否只是为她们在前台表演中遇到的挫折提供一条发泄途径，从而使异性恋父权秩序得以延续？这还有待观察。"她在 1999 年写道，"或者说，这种后台谈话可能是她们为新的前台表演所做的排练预演？"

几年前，我在为一本美容杂志写文章时，了解到一位 40 多岁的化妆师永远化着全妆睡觉。她的丈夫从来没见过她不涂口红、眼影和睫毛膏的样子。她不想让丈夫看到自己不那么光彩照人的样子，有一丁点瑕疵都不行。即使是凌晨四点，她脖子以上的部分也在竭尽全力地进行着前台表演。

如果吹嘘自己的胜利、讲低俗的故事、表达对孩子的不满，就相当于展示你没有化妆的脸，那么我很好奇，假如所有女人都同意不再使用睫毛膏，假如让世界上那些和奥托·叶斯柏森、约翰·L.洛克一样过度自信的男人们知道，我们可以和男人一样伟大、一样粗鲁，会发生什么？且不说我们会不会比他们更伟大、更粗鲁。

当然，男性语言学家并不是唯一对女性的语言持有独断偏见的人。关于女性，尤其是年轻女性如何使用语言，每天还有各种各样的普通人得出错误和贬损性的结论。有没有人告诉过你不要再用"like"，因为这会让你听起来很愚蠢？有没有人教育过你不要频繁道歉？如果你是 35 岁以下的女性，那么这些"教导"你大概率听到过，你甚至还有可能这样自我告诫过。即使你这样做过，我也不会指责你——我们这些讲英语的人被训练成，只要有人说话听起来不像 34 岁的电视男主持人比利，或者不像 64 岁的美国国家公共电台广播员鲍勃（我们稍后就会说到），我们就会对之嗤之以鼻。

然而，今天最敏锐的语言学家提供数据表明，"少女腔"——最遭人厌恶和嘲笑的语言风格之一——实际上是标准英语在不久的将来会成为的样貌。这种变化在很多方面已经发生了，而这让很多中年男人非常暴躁。

第四章　女人才没有毁掉英语——她们，嗯，是英语的创造者

2013 年，鲍勃·加菲尔德（Bob Garfield）恼怒不已。"粗俗不堪！"他对着麦克风啐了一口，"令人作呕！"我在听这位美国国家公共电台主持人的语言主题播客《词汇谷》（*Lexicon Valley*）。虽然我无法亲眼看到 58 岁的加菲尔德，但从他不屑的声音中，我可以想象出他轻蔑地抚摸着自己那雪白的胡须，套在灯芯绒里的手臂交叉在胸前的样子。这期播客讨论的是一种语言现象，加菲尔德说，这种现象是如此"让人厌恶"，以至于他希望自己能"向大部分美国公众挥一挥魔杖，让它消失"。他坚定地告诉另一个主持人迈克·沃洛（Mike Vuolo），这是一种"只"发生在年轻女性身上的奇怪现象。"我没有任何数据（证明这一点），"他说，"我只是知道我是对的。"*

---

* 哥伦比亚大学的语言学家约翰·麦克沃特（John McWhorter）于 2016 年接手了《词汇谷》，谢天谢地，他在声称自己关于某件事的看法是正确的之前会非常严谨地收集数据。

你猜这种让人讨厌的女性语言特征是什么？就是"气泡音"，也被语言学家称为"嘎裂声"（creaky voice）。你可能听说过这种现象，甚至自己也这么做过：气泡音是一种刺耳的、低音频的噪声，我们经常能听到人们在说话结尾时声音变弱并发出这种声音。当一个人在说话时挤压声带、减少通过喉头的气流并降低振动频率，就发出了气泡音，它的声音听起来有点，嗯，吱吱嘎嘎的，就像生锈的门轴或者墨西哥刮响器 *。（评论家们描述气泡音的时候喜欢拿山谷女孩 † 和金·卡戴珊举例——事实上气泡音属于一种正统方言，其口语形式就叫"山谷女孩语"——但是其实任何性别、任何地方的人说话都会带有气泡音，我们随后会讨论。）

加菲尔德说，近年来，他注意到十几岁和二十几岁的年轻女性讲话时流行带一种"气泡音"——就是一种"下意识的矫揉造作"——他确信这种现象正在不可挽回地破坏英语。为了演示这种声音，加菲尔德让他 11 岁的女儿走到麦克风前并指示道："艾达，用让人讨厌的方式说话。"

这期播客播出之后的几年里，气泡音受到了越来越多媒体的攻击和嘲笑——这是年轻女性几乎无法像年长睿智的男性那样优雅沟通的公开标志。2014 年，《大西洋月刊》发表了一份报告称，说话带气泡音的女性被雇用的可能性更低。2015 年，*Vice*

---

* guiro，也称"刮瓜"，一种拉丁美洲的打击乐器，由晒干的葫芦制成，表面刻有平行条纹，演奏时用短木棒刮擦发出响声。——译注

† Valley girl，起源于 20 世纪 70 年代，是对美国加利福尼亚州南部圣费尔南多谷地区富裕中产阶级年轻女性的别称，她们给人的感觉一般是愚笨、性感、打扮夸张、喜欢购物。山谷女孩说英语时的特有口音和用词习惯被称作"山谷女孩语"（Valley girl speak）。——译注

杂志的一名男性记者发表了一篇题为《我的女朋友去找语言治疗师治疗她的气泡音》的报道。同年，记者娜奥米·沃尔夫（Naomi Wolf）在《卫报》上发表了一篇文章，题为《年轻女人们放弃气泡音吧，重拾你们强大的女性声音》。她写道："'气泡音'是从喉咙里发出的咆哮，就跟一个山谷女孩在狂欢派对上喊叫一整夜把嗓子喊哑的声音是一样的。"

我还记得自己上高中时，一个男性戏剧老师因为我使用了气泡音而斥责我，他告诉我，如果我继续用这种讨厌的声音污染自己的台词，我就永远无法去百老汇演出——难道这就是我没能成为《汉密尔顿》（*Hamilton*）原版剧组成员之一的原因？

气泡音当然不是年轻女性话语中的唯一问题。大约在鲍勃·加菲尔德那期播客的同一时间，互联网上对当代"女性语言"的反应完全失去了理智，各地的记者开始大量炮制文章，分析女性讲话时经常能被注意到并且被批评的其他特征。每说几个词就加上"like"就是一个众所周知的例子，类似的还有道歉过于频繁、使用夸张的网络俚语——"OMG, I AM LITERALLY DYING"（我的天，我死了我死了），以及在陈述句的结尾用疑问句的升调而不是降调。

突然之间，对女性如何说话做出无知的、伪女性主义的断言成为各大品牌公司和杂志的潮流。2014年，护发公司潘婷发布了一则广告，鼓励女性不要总是说"对不起"，因为现在不仅你的头发需要焕然一新，你的说话方式也需要彻底改造！一年后，《时代》杂志和《商业内幕》（Business Insider）等刊物开始声称，句尾升调会让女性听起来胆小、忸怩。"年轻的女士们，如果你想找到工作或者把自己嫁出去，你必须改掉这样说话的毛病！"互联网大声疾呼道。

媒体的狂躁达到顶峰时，我是一名20多岁的女性，正是这些文章和广告的目标受众。然而有三个问题困扰着我：（1）气泡音和句尾升调这类话语特征真的是年轻女性独有的吗？（2）若果真如此，这些用法的目的是什么？以及（3）为什么所有人都这么讨厌它们？

那些护发产品的文案和杂志记者都以为自己很有创意，但是在教育年轻女性该怎么说话这件事上，加州大学伯克利分校的罗宾·拉科夫比他们早了40多年。在1975年出版的《语言与女性地位》一书中，拉科夫最著名的贡献是列出了一系列她观察到的"女性语言"的特征。这基本上就是奥托·叶斯柏森书中《女性》那一章的准女性主义翻版。拉科夫列举的"女性语言"特征包括：倾向于过度道歉；形容词"含义空洞不明"，比如"This chocolate mousse is heavenly"（这巧克力慕斯棒极了）；过分礼貌，比如"不知道你是否介意我……"；过分强调，比如"那个演出我爱死了！"；表达请求不直接，比如会说"我感觉包裹还在楼下哎"，而不是直接说"你能去拿一下包裹吗？"；语法过度矫正（hypercorrection），比如说"between you and I"，而不是"between you and me"（你我之间）；使用模糊限制语，比如"kind of"（有点）、"you know"；使用句尾附加问句，比如"那部电影很好看，不是吗？"；回避脏话，比如会说"Goodness gracious"（我的天哪），而不是"Holy shit"（我靠）。

拉科夫的观点是，女性之所以会比男性更系统性地使用上述语言策略，是因为她们在社会化的过程中已经接受了这些文化期待，即女性必须表现得温良恭顺和不自信。拉科夫做出这些论述的积极意义在于，她让人们前所未有地开始关注语言和社会权力之间的关系，在帮助阐明语言会以何种方式延续现有的性别刻板印象方面，她的方向是正确的。在她之前，从未有语言学家正式提出过一个人使用的语调或问句类型可以透露说话者的性别，并由此帮助他们或阻碍他们获得尊重和权威。但是，拉科夫的错误之处在于，她建议，如果女性希望得到平等对待，就应该适应并模仿男性的说话方式。按照拉科夫的说法，软弱这一特质已经（尽管不公平）与女性紧紧联系在了一起，不仅是在言语方面，而是与女性有关的所有方面；因此，如果女性想要别人不这么认为，她们就应该抛弃我们习以为常的女性化言行。这意味着你说话时要努力避免上文列出的所有语言特征，因为拉科夫认为这些特征使女性听起来缺乏安全感。她的建议与 40 年后的那些广告和文章如出一辙。

幸运的是，自拉科夫的书出版以来，社会语言学已经取得了长足的进步，21 世纪的许多语言专家已经在严肃看待"山谷女孩语"，并弄清楚了它到底是怎么回事。其中一位学者是来自匹泽学院的语言学家卡门·佛特（Carmen Fought）——顺便说一句，他的嗓音是我听过的声音中最柔顺舒缓的。正如佛特所说："一旦女人在陈述句结尾用了升调，或者说话带有气泡音，就会立刻被解读为缺乏安全感、情绪化，甚至是愚蠢的。"但有趣的真相是，年轻女性使用这类语言策略不是出于下意识的矫揉造作，而是把它们当作建立并加强关系的有力工具。气泡音、句尾升调，甚至是"like"这样的词，都不是她们头脑混沌的迹象，恰恰相反，它们都有着独特的历史渊源和特定的社会效用。另外，女性并不是唯一使用它们的人。

在世界上的许多语言中，气泡音并不是某种随机产生的怪癖，它是其所属语言语音体系的一部分。比如说，在美国土著语言夸夸嘉夸语（Kwak'wala）中，说"一天"这个词不能没有气泡音，否则这个词就没有任何意义——有点像英语单词"day"（一天）去掉了"y"。关于讲英语的人对气泡音的使用，有趣的是早期研究普遍认为这是男性话语的专属特点。20 世纪 60 年代，英国的一位语言学家首次正式观察到英语中的气泡音现象，他认为英国男人使用气泡音是为了凸显他们更高的社会地位。20 世纪 80 年代，美国也有一项关于气泡音的研究，并称这种现象"极具男性气质"，是"男性语言的有力标志"。许多语言学家还认为，美国所有讲英语的人几十年来一直会在句尾使用一点气泡音，这并没有引起任何争议或影响。

但到了 21 世纪第一个十年中期，人们开始注意到美国大学中的女性使用气泡音的现象有所增加，而她们的男同学却不怎么使用气泡音了。研究人员对此变化很感兴趣，所以他们决定研究一下这个观察是否准确。长话短说就是：2010 年，语言学家汤浅郁子（Ikuko Patricia Yuasa）发表了一项研究，表明美国女性使用气泡音的频率比男性高 7% 左右。而且从那时起，我们变得越来越喜欢用气泡音。

可这是为什么？用气泡音有什么好处吗？（当然，除了惹恼长胡子老家伙这个好处以外。）事实证明，气泡音的确有不少用处。首先，汤浅郁子指出，由于气泡音的频率非常低，所以这可能是女性与男性竞争的一种方式——让自己的声音听起来更权威。她在研究中写道："低哑的嗓音可能为越来越多的美国女性提供了一种塑造成功形象的方式，同时还可以保持女性的吸引力。"就我个人而言，我发现自己在工作中做演讲时，为了传达这种悠然自得的权威，会不自觉地用气泡音说话。当我问我的领导我在会议上有没有表现得缺乏安全感时，她说："你听上去总是非常清楚自己在说什么。"哦对了，她也是个 20 多岁的女人。

但是另一方面，宾夕法尼亚大学的语言学家马克·利伯曼（Mark Liberman）在 2012 年告诉《纽约时报》，气泡音也可以用来表示对某个话题不感兴趣——我十几岁的时候的确喜欢这么做。他说："这是一种声带比较松弛时发生的振动……所以可能有些人会在放松甚至无聊时使用它。"就像是在用一种温和的方式告诉别人你觉得他们非常无聊。

　　总而言之，在 21 世纪的头 20 年里，女性开始用越来越低的音高说话，更多地传达出主导性或者表示无聊，而所有这些都是中年男人历来不喜欢女人做的事情。也许这可以解释为什么鲍勃·加菲尔德和他的同行们如此毫不留情地抨击气泡音。

　　"like" 和句尾升调是另外两个被无情嘲笑的语言问题，也可能是因为它们是"山谷女孩语"的诸多特征中最容易被识别的。一个人嘲笑十几岁女孩的时候，会这样模仿她们说话："I, like, went to the movies? And I was like, 'I want to see *Superwoman*?' But Brad was like, 'No way?' So we, like, left."（"我，嗯，去看电影？然后我就表示'我想去看《女超人》？'，可是布拉德的反应是'不看？'。所以我们，嗯，就走了。"）——我不明白为什么人们这么喜欢嘲讽十几岁的女孩，但我认为嘲讽只是一个借口，他们就是想以这种非常好玩的方式说话而已。

　　尽管有很多人诋毁"like"这个词，但事实上它非常有用，而且功能强大、用途甚广。加拿大维多利亚大学的语言学家亚历山德拉·达西（Alexandra D'Arcy）的大部分研究都致力于识别和理解"like"的众多功能。达西在维多利亚大学的 YouTube 频道中热情地描述了她所做的工作："'like'是我们非常非常不喜欢的一个小词，我们还为此指责年轻女孩，因为我们认为她们正在毁掉英语。"她如此解释道。但真实情况是，"like"这个词成为英语的一部分已经超过 200 年了。"例如，在英国的一个小村庄里，我们可以找到七八十岁甚至九十多岁的人，"达西微笑着说，"他们使用'like'的很多方式跟现在的年轻女孩一模一样。"

根据达西的说法，"like"一词有六种完全不同的形式。英语中最古老的两种"like"，其一是形容词，其二是动词。在"I like your suit, it makes you look like James Bond"（我喜欢你的西装,你穿上之后看起来像詹姆斯·邦德）这句话中,第一个"like"是动词,第二个"like"是形容词——即使是最暴躁的讲英语的人也能接受这两种用法。今天,这两个"like"听起来完全一样,所以大多数人甚至没有注意到它们是有着不同历史的两个不同的单词。它们是同音同形异义词,类似于名词"watch"（手表）——意思是你手腕上的计时器,和动词"watch"（看）——意思是你打开电视时眼睛的动作,这两者也是同音同形异义词。《牛津英语大词典》上说,动词"like"源自古英语单词"lician",形容词"like"则来自古英语单词"līch"。在过去 800 年左右的时间里,这两个词在某个时间点汇合在了一起,留给我们大量的时间来适应它们。

但是有四种新的"like"出现的时间要比这晚得多,而且达西说,它们都是具有不同用法、相互独立的单词。其中只有两种"like"是女性使用更多的,而这两种女性高频使用的"like"当中,只有一种被认为是 20 世纪 90 年代由加利福尼亚州南部的年轻女性创造出来的,就是那个表示引语的"like",你已经在上文见过了："I was like, 'I want to see *Superwoman*.'"说起来有点讽刺,不过从实用角度来说,这种表示引语的"like"是我最喜欢的用法,因为它可以为你要讲的事开个头,只需简单转述已经发生的事情,而不需要逐字逐句地复述整个对话互动。比如说这句话："My boss was like, 'I need those papers by Monday,' and

I was like, 'Are you fucking kidding me?'"（我的老板示意我"我周一之前需要那些文件"，我的反应是"见鬼，你在开玩笑吗？"。）此时你并不是在重复你实际说过的话，而是用"like"来表达你当时想说的话或者在互动中的感受。感谢山谷女孩，让这个非常好用的引语"like"在日常会话中推广开来，并持续大量出现着。

女性更频繁使用的另一种"like"被归类为话语标记语（discourse marker），可以在诸如"like, this suit isn't even new"（嗯，这件衣服甚至不是新的）这样的语境中找到。话语标记语有时也被叫作填充词，可以帮助一个人用他们的言语连接、组织或表达某种态度。其他话语标记语还包括我们上一章提到过的模糊限制语，例如"just"、"you know"、"actually"（其实）等。

最后两种"like"当中，其中之一是副词，用来表示近似，比如用在这句话里："I bought this suit like five years ago."（我是差不多五年前买的这套西装。）到 20 世纪 70 年代，"like"在很大程度上取代了日常对话中的近似副词"about"（大约），而且它在男性和女性之中的使用比例一直相当，所以不那么令人讨厌。最后还有一种"like"是话语小品词（discourse particle），例如在"I think this suit is like my favorite possession"（我觉得这套西装是我最喜欢的东西）这句话中，话语小品词"like"与话语标记语非常相似，只是它在句法或语义上的使用方式不同；另外，男性和女性一样也经常使用这个"like"——达西也不知道为什么会这样——但是男性几乎从不会因此被嘲笑。

客观来说，在同一个句子中使用一个、两个或所有这些不同的"like"并不是坏事。事实上，一些研究已经证明，缺乏诸如"like"和"you know"这类词语的话语可能会显得过于谨慎、呆板，甚至不友好。所以下次有人指责你说太多"like"的时候，你可以反问他们："哦，是吗？你指的是哪一种'like'？"达西说，普罗大众总是倾向于全然接受针对山谷女孩的刻板印象，然后不假思索地把所有"like"的使用都归咎于年轻女性，而这只是因为他们没有注意到不同的"like"之间的语用差异。

句尾升调是十几岁女孩说话方式的另一个备受诟病的特点，但是当你仔细观察，你会发现它是相当实用的。语言学家说，20世纪80年代和90年代，句尾升调在日常对话中引起了轰动，那也是《开放的美国学府》（*Fast Times at Ridgemont High*）和《独领风骚》（*Clueless*）火爆热播的时代。这个时间上的巧合导致人们坚信一则传言，即句尾升调是山谷女孩的发明——他们竟然把影响力这么大的现象归功于这么一小撮人！然而现实情况是，有理论认为句尾升调是从澳大利亚偷来的。句子末尾的声调高高扬起是澳大利亚方言的典型特征——很多人忘了，"G'day, mate?"（你好，伙计）根本不是一个疑问句。

在过去的20年里，从企业高管到高中英语老师，每个人都批评句尾升调听起来不够自信。甚至有一位语言学家也向我承认她不怎么喜欢句尾升调——"很不幸，我也不喜欢句尾升调。"纽约大学教授路易丝·O.沃什瓦里在电话里小声对我说，声音里透着一丝内疚，"我认为这会让人觉得女性缺乏安全感，因为听起来像是在问问题。我本不应该说这些。"

但无论人们对此作何感想，研究表明在某些语境中，句尾升调所传达的含义实际上与不安全感完全相反。

例如 1991 年，宾夕法尼亚大学在得克萨斯州的一个女大学生联谊会中做了一项研究，发现高年级成员经常使用句尾升调来向低年级的学生宣示权力——"明天有一个非常重要的希腊主题活动？我们希望每个人都参加？"拉科夫曾经提出一个理论：女性之所以在彰显权威时使用句尾升调，原因之一是她们有意地，或是下意识地训练自己这样做，这样她们就不会给人留下"专横"或"傲慢"的印象。按照拉科夫的说法，使用句尾升调可以让女性表露自信时避免因为听起来不"淑女"而受到攻击。我说话的时候也注意到自己会用句尾升调来缓和陈述句的语气，特别是在讨论一个有点争议的话题时，但我不认为这么做只是为了听上去不那么傲慢专横。相反，对我来说，这是一种自信地陈述自己观点的方式，同时也是向大家表明我态度开放、等待着别人的回应。我可不认为这是件坏事？

句尾升调绝对不是仅存在于女性话语中的语言现象。2005年在香港进行的一项研究调查了讲英语的商务人士和学者在会议上的语调模式，发现会议主席——也就是房间里级别最高的人——使用的句尾升调是其下属的七倍之多。在这里，句尾升调也被用来强调主导地位，迫使听众集中注意力，紧跟会议节奏，并做出回应。但这一次，没有人将其误解为不安全感的表现，因为大多数演讲者都是男人。

对于女性使用模糊限制语的误解，与人们对女性使用句尾升调的种种误解如出一辙（女性比男性更多地使用句尾升调，并且总是在表达不安全感）。20 世纪后期开始的一系列关于模糊限制语的研究表明，总体来说男性和女性使用模糊限制语的总频率在统计数据上不存在显著差异。此外，各模糊限制语所发挥的作用也不尽相同。以"you know"为例：语言学家发现，不仅使用这个短语的男性和女性人数大体相当，而且在很多情况下，女性实际上把它当作一种积极传达自信的方式。在 20 世纪 80 年代，新西兰语言学家珍妮特·霍姆斯分析了大量语料数据后发现，当你用上升的、类似疑问的语调说"you know"时，确实意味着犹豫或怀疑，例如"It's not, you know, fair."（这是，你知道，不公平的）。但是，当你用降调说它，比如"It's not fair, you know."（这是不公平的，你知道），效果就正好相反。霍姆斯的研究数据表明，从不同性别群体中收集到的"you know"数量几乎相同，但女性用降调说这个短语来表达自信的数量，则比男性多 20% 以上。尽管研究数据如是说，大多数人倾听时却并不这样反应*，在一个女人说出第一个模糊限制语时，他们就会自动认为她没有安全感。

---

* 同样的观点也适用于句尾附加问句：20 世纪 80 年代，德博拉·卡梅伦在牛津大学进行的两项研究证明句尾附加问句是非常微妙的，而且可以根据对话参与者之间的互动状态达成六种不同的目的。一个人的性别与使用多少句尾附加问句毫无关联；尽管性别与一个人使用何种类型的句尾附加问句有一定的关联，但是一个人在互动中的权力地位对此能产生更大的影响。更令人振奋的是，女性喜欢使用的句尾附加问句类型与更多而不是更少的权力有关。卡梅伦的研究表明，女性会使用更多的"促进"型句尾附加问句来表示关注和支持，以此邀请其他人共同参与对话，例如："昨晚的《权力的游戏》很棒，不是吗？"实际处于所谓的优势互动位置的人，也一直在会话中使用促进型句尾附加问句，不分性别，比如法庭法官和脱口秀主持人。与此同时，有研究显示男性更经常使用"谦逊"型句尾附加问句，以此谦虚地询问信息，例如："约翰·昆西·亚当斯是美国第四任总统，对吗？"不过，人们同样模式化地把一个人使用谦逊型句尾附加问句与"无能为力"联系起来，比如教室里的学生和证人席上的被告。这也是不分性别的。

年轻女性比男性更频繁地使用的唯一一种模糊限制语，是话语标记语"like"，但是再重申一次，这并不是由于缺乏安全感。针对青少年言语的多项研究表明，年轻人使用"like"是为了"一定程度上让自己摆脱潜在的评价性话语的影响，无论是对自己的积极评价还是对他人的消极评价"。性别语言专家珍妮弗·科茨推测，之所以男性整体上较少使用这类"like"，可能跟他们对所谈话题的选择有关，她说："与女性不同的是，男性整体上倾向于回避谈论感性话题。"一般来说，男性不会大大方方地表露内心，也不会轻易谈论个人问题，所以也不怎么需要用到这类模糊限制语。

既然大家说话几乎都用气泡音、句尾升调、各种模糊限制语，那么为什么单单是年轻女性受到了最刻薄严厉的批评呢？按照语言学家的说法，人们如何接收并感知这些言语特征跟所说的内容关系不大，而是跟这样说话的人关系更大。换句话说，对言语特征的评判很大程度上取决于我们对说话者的看法和态度。2010年，斯坦福大学和加州大学圣克鲁斯分校的两名语言学家进行了一项研究，他们发现，在听一个政治"专家"讲话时，会话参与者不会把这个人的句尾升调理解为缺乏安全感的表现。但是，当说话者被介绍为"非专业人士"并使用了句尾升调时，听众对他们的能力提出了质疑。宾夕法尼亚大学的语言学家马克·利伯曼说，有一位美国总统也以句尾升调而闻名于世。"乔治·W.布什就总用句尾升调，"他回忆道，"可是从来不会有人说：'哦，那个小布什太没有安全感了，像个小姑娘似的。'"（不过，平心而论，这是小布什身上最没问题的"问题"了。）

在过去的 20 年里，气泡音、句尾升调，以及"like"等已经超越了性别之间和代际之间的隔阂。30 多岁的布莱恩·里德（Brian Reed）是 2017 年轰动全球的播客《狗屎镇》（S-Town）的主持人，和我听过的任何女性主播一样，他说话也用句尾升调。还有对《抢答》（Jeopardy!）参赛选手，以及在坚宝果汁（Jamba Juice）买东西的爸爸们的正式研究，都显示出现代男人绝对会在句尾提升声调，且乐此不疲。我 61 岁的父亲是一名神经科学家，已经使用了无数次气泡音。而且根据利伯曼 2003 年对电话谈话录音的分析，男性使用不同类型的"like"的频率比女性高。

当男性用这些方式说话时，人们似乎毫不在意，甚至都注意不到。只有当它们从女性嘴里冒出来，才会让人大惊小怪、烦躁厌恶。这一事实清楚地表明，我们的文化对气泡音、句尾升调和"like"的排斥实际上与这些言语特征本身无关，人们排斥的是最先把它们用在现代英语中的女性罢了。

几十年来，语言学家一致认为，年轻的都市女性往往是我们语言的创新者。就像韩国之于美容产品、硅谷之于应用程序一样，十几岁、二十几岁、三十几岁的女性创造着，抑或孕育着未来的语言趋势——尽管不是有意为之，也不是为了钱。利伯曼说："大家都知道，如果你发现世界上正切实发生着某种变化，那么年轻人将会引领老年人适应变化，而女性的步伐往往可能比男性领先半个世代。"—— 一个有趣的事实是，语言学家还发现，最不愿意创新的语言使用者是那些不爱运动的、年长的乡村男性（nonmobile, older, rural males），正好组成一个首字母缩写词："NORMs"（规范，准则；正常人）。

女性为何会以这种方式推进语言演化，我们尚且无从得知。一种假设认为，这是因为女性在现代社会中被赋予了更多畅所欲言、展现才华的自由。对网络俚语的研究表明，女性使用的网络语言更具表现力，比如有创意的标点符号、描述性强的话题标签、表情符号，以及 OMG 和 AF 等有趣的缩写*。另一种理论认为，原因在于女性更善于社交，因此更容易捕捉到微妙的语言线索。但在我看来，最令人信服的理论是，年轻女性能推进语言的创新是因为她们把语言视为一种维护自己权利的工具，而在现有的文化环境中，除此以外她们并没有很多其他选择。

对于那些希望提升社会地位的女性来说，语言是一种赋权的资源，世世代代都是如此。一个突出的例子是：1978 年，屡获殊荣的语言学家苏珊·盖尔（Susan Gal）前往奥地利研究一个贫穷的讲匈牙利语的小村庄。由于第一次世界大战后国界的变化，这个村庄最终被划为奥地利的领土。在这些匈牙利村民看来，所属国境的改变真是倒了霉了，因为现在他们被迫生活在一个其他人都说德语的国家。于是，村里的女人——至少是年轻女性——开始学说德语。这是一个聪明的举动，因为会说一些德语之后，她们就可以离开村子、找到更好的工作、嫁给性感的奥地利丈夫（如果她们喜欢的话），从而在社会经济阶梯上不断攀升。盖尔注意到，对于老年妇女来说，采取行动已经为时太晚，但对于那些还有机会的人来说，语言是一种逃离现属群体、获得更好生活的

---

* OMG，即 oh my god（我的天）。AF，即 as fuck（……得要死），常出现在句子末尾，表示夸张、强调，例如："I'm tired AF."（我累得要死。）——译注

途径。

这个故事与路易丝·O. 沃什瓦里的理论是吻合的，即生活在贫穷地区或群体中的年轻女性，以及年轻的移民女性，更有可能需要借助语言来实现社会流动。这是为什么？一般来说，男性更容易获得蓝领工作，而且蓝领工作的薪水比许多工人阶级女性的工资要高。"从历史上看，在煤矿地区，一个矿工一周赚的钱比他当服务员的女朋友一个月赚的钱还多。"沃什瓦里解释道。理论上来说，女性是可以找到一份煤矿工作的，很多人也的确找到了，但这份工作很残酷，社会环境对女矿工也不友好。因此，如果一个女性想以社会文化可以接受的方式赚更多的钱，她就必须从事所谓的"粉领"工作，比如当接待员或银行出纳员。而这类工作需要新的语言技能，比如学习一种更"受尊敬"的方言或者一门全新的语言。沃什瓦里回忆说："在西班牙有一项研究表明，女性学习加泰罗尼亚语以便出去找一份秘书工作，而男性会因为她们会说两种语言而取笑她们。"

几个世纪以来，人们一直看不起女性使用语言的方式，就像奥托·叶斯柏森和鲍勃·加菲尔德一样，他们经常认为女性的交流方式愚蠢而恼人。但是研究性别和外语的观察者注意到，男性和女性说话的方式之所以会产生显著差异，通常是因为女性被禁止使用某些词语、语音或文字系统，因此被迫进行创新。例如，在非洲南部班图语系的一些语言中有一项严格的规定，禁止已婚妇女说她们公公的名字，也不允许说任何听起来与之类似的或有相同词根的词，因此班图妇女经常通过借用其他当地语言的同义词来绕过这一规则。一些语言学家认为这就是吸气辅音（click consonants）进入班图语的原因——女人们从西非的科伊桑语中借用了它们，最终使其进入了广泛使用的主流班图语。类似的故事也发生在中国，有一种叫"女书"的字体，通常被认为是与标准汉字迥异的文字系统。但实际上，女书只是一种非常规的、更语音化的书写汉语的方式，这是当地女性在不被允许学习读写的时代自己创造并发展起来的。

这两个例子都是德博拉·卡梅伦所说的"对女性创造力的证明，但也是她们在历史上长久处于从属地位的产物"。对于女性来说，语言往往是应对压迫，或竭力抵抗压迫的一种复杂方式。

女书、学说德语的匈牙利女性、学说加泰罗尼亚语的西班牙女性，这些例子清楚揭示出年轻女性要在语言上创新的原因——这是她们的出路。那么她们使用气泡音的原因是什么？目前学界尚未得出一个完善可靠的结论，但是沃什瓦里认为这可能与语言可以起到一种象征作用有关。女性并不是唯一进行语言创新的群体。"与其他群体相比，从黑人英语中起源的俚语和新用法的数量多不胜数。"沃什瓦里解释道，同时引证了一些从非裔美国人白话英语中不经意间窃取而来的流行词语，如"phat"（大码辣妹）*和"fuckboy"（渣男）。"你可能疑惑，为什么弱势群体创造的语言后来会被多数群体拿去使用，但是换一个角度想，也许是因为弱势群体一直以来都把语言作为一种获得权力的方式。想想欧洲那些被剥夺了公民权的犹太人吧，他们创造了自嘲的'犹太

---

* pretty-hot-and-thick 的缩写，褒义，指的是漂亮、身材丰满的女人，用以对抗具有身材羞辱意味的贬义词 fat（肥）。——译注

笑话'，其实很多幽默笑话都源自他们。"

　　女性和其他许多受社会压迫的群体用语言为自己赋权的方式之间都是相关联的。边缘群体通过语言创新来壮大自己的做法，历史十分悠久。他们显然非常擅长此道，因为不管世界上的其他群体是否知道这些酷炫的新俚语、单词发音和语调应该归功于谁，他们的说话方式最终总是会与边缘群体趋同。

　　社会喜欢抨击句尾升调、"like"和其他女性语言特征的另一个原因——尽管整个社会最终吸纳了这些使用语言的方式——简单来说就是，当事情超出控制时，人们会被吓坏。你看，当鲍勃·加菲尔德这些"正常人"（NORMs）听到年轻女性在句尾使用气泡音时，一场小小的存在危机从他们心底油然而生。"（他们）变得爱挑剔、爱批评，甚至可能感到焦虑不安，然后说：'语言听起来不应该是这个样子的！'"加州大学伯克利分校的语言学家奥伯恩·巴伦-卢茨罗斯（Auburn Barron-Lutzross）说。因为这些人习惯了掌控局面，所以当别人开始制造"事端"的时候，他们会觉得世界末日就要来了。"如果是这些'正常人'首先使用了气泡音、句尾升调和'like'，我们会称赞他们丰富并扩展了语言的边界。我们读的杂志的名字会变成《嗯，纽约客》（*The, Like, New Yorker*）。"记者加布里埃尔·阿拉纳（Gabriel Arana）在接受《大西洋月刊》采访时表示。但"正常人"并没有这样做，再加上美国人总是喜欢听老白男的话，所以我们所有人都得花一段时间才能跟上这股语言变化趋势。

　　有一种简单的方法，可以让我们为推动语言走向宽容的未来出一份力：对新的语言趋势感到好奇和着迷，而不是表现得暴躁又迂腐。每当我们想对女性或其他人——包括我们自己——的某种语言特点加以批评时，我们可以提醒自己要像语言学家那样思考，提醒自己系统化的语言模式从来不是愚蠢或毫无意义的。人们对这类模式的批评只会强化某种不合理的语言标准。

想想那些针对女性声音的监管行为——批评她们的语调、她们的句法、她们的用词——与社会监管女性外貌的行为逻辑是何等相似。针对女性的杂志文章和广告不但告诉她们必须变得更漂亮，也告诉她们需要改变说话方式。我曾听过这样一种讽刺的说法：让女人包包不离手、高跟鞋不离脚，这样就能使她们行动不便。虽然我并不真的认可这种观点，但我认为你可以将这种逻辑与对女性语音和用词的批评进行比较——后者把人们的关注点从女性话语的实质内容转移到无关紧要的语言习惯上，同时给女性制造焦虑，使她们过度关注听者的感受。担心自己使用气泡音的次数过多、忧心自己是不是道歉过于频繁，不过是"担心额头是不是泛油光了"，或者"肥肉是不是从塑身裤挤出来了"等烦恼的语言对应物罢了。

女人应该停止使用话语标记语和气泡音，这样她们的话语听起来就会更"清晰"——这种温和的建议不论本意多好，终究是毫无助益的。2016年，我得到了用来测试某个新款语音识别应用程序的促销码，该应用程序旨在帮助年轻人练习说话时不用任何填充短语，以便使他们听起来更加"权威"。这种冠冕堂皇的所谓"赋权"建议，与告诉一个女人穿裙摆较长的裙子会显得更像成功人士一样，都是居心不良。这是在女性所遭受的压迫的基础上对她们的进一步惩罚。我们的社会文化中最没有帮助的建议之一就是，女性需要改变她们的说话方式，好让自己听起来不那么"像女人"——或者告诫酷儿需要让自己听起来更像异性恋，或者告诫有色人种要让自己听起来更像白人。不同群体当中各异的说话方式本身并没有高低贵贱、孰优孰劣之分。人们对不同群体说话方式的差别对待只反映出一个潜在预设，即谁在社会文化中拥有更大的权力。

正如德博拉·卡梅伦曾经说过的那样："训导年轻女性适应那些管控着律师事务所和工程公司的男人们的语言偏好——或者说，偏见——就是在为父权制工作。"这种做法本质上接受的观点是，出问题的是"女性化"的语言，而不是批评者所持的性别歧视态度。"女性主义的任务当然是挑战性别歧视，"卡梅伦继续说，"要致力于反对偏见，而不是对偏见视而不见。"

所以，如果有人因为不喜欢你在句子结尾压紧声带发出气泡音、经常说"对不起"或是其他语言特征，就批评你愚蠢可笑、想让你感到难堪，请记住：就算那些"正常人"不理解你，语言学家也会懂你、支持你的。毕竟，那些讨厌你的人可能只是在为你用他们无法控制或理解的方式改变了世界而感到痛苦。

我知道这样想好像有点夸张。但是，嗯，这很重要？

第五章　如何让纠正你语法的人无地自容

我认识的每个人都不可避免地有语法上的毛病。2013 年，BuzzFeed* 发布了一篇名为《让你愤怒的 17 个被误用和生造出来的词》的文章，列举了一些常见用语错误，比如 "irregardless"（不管）、"supposably"（应该）和 "I could care less"（我不在乎），每一个错误短语都配上一张动图，动图里的人要么在绝望地扯头发，要么在对着天空尖叫。我 25 岁的弟弟最近告诉我，他最讨厌的事情之一就是他问候别人 "How are you?"（你好吗），对方回答说 "I'm well"，却不说 "I'm good"（我很好）。

"听起来太蠢了。"他咯咯笑着说。

每当听到这种常见的语法错误，我都会本能地浑身难受。但我尽量从不责备说话人。"I'm well" 就是语言学中"过度矫正"的一个例子，也就是说话者过度应用自己心中的语法规则，导

---

*　美国的一个新闻聚合网站。——译注

致句子乍一听语法正确，但严格来说并不正确的情况。另一个例子是，该说"me and you"（我和你）的时候却说"you and I"（你和我），比如，"Let's keep this between you and I"（这是我们之间的秘密）。另外还有错误地用"whom"代替"who"，比如在这个句子中："Whomever drank my Diet Coke needs to replace it by tomorrow, or else."（谁喝了我的健怡可乐，请在明天之前买同款补上，换成其他饮料也行。）*

　　每个人都喜欢在发现别人语法错误时那种"逮到你了"的感觉，尤其是当你知道说话者故意想让自己听起来很聪明的时候。然而，过度矫正的本意一般是好的。语言学家发现，过度矫正在中下层阶级的女性中最为常见，例如，她们把副词"well"看作较高社会阶级的标志——你更有可能听到高盛的高管说"He knows the market well"，而不是"He knows the market good"（他非常了解市场）。正如我们在上一章提到过的，掌握更能代表声望的语言技能是社会经济地位较低的女性实现阶级流动的有力工具。因此为了显示自己向上流动的愿望，她们试图采用地位更高的人使用的语法形式，但她们用力过猛了。被用错的"well"和"whom"肩负着提升说话者社会经济地位、为其赢得尊重的重任，只是事情并不总能遂人心愿。

　　"好吧，你这么一说，我现在感觉很糟糕。"我解释完之后，我弟弟这样说。

　　"只是增加一点思考角度。"我告诉他。

---

* 这是我做上一份工作时在冰箱上看到的字条。可乐不是我偷的，我发誓。

类似我弟弟这种出于本能随意评判别人副词使用错误的做法并不少见。事实上在西方文化中，谴责别人的语法错误是最典型的傲慢行为之一。"当批评对象是语言时，你会感到自命不凡、高人一等，并为此感到骄傲，"德博拉·卡梅伦曾经说过，"你甚至可以把自己比作搞种族灭绝的法西斯主义者来炫耀你的极端敏锐：'我有点像语法纳粹，我不能忍受人们的语法错误。'"

　　然而，有这样一种人，你绝对不会听到其纠正别人的语法，那就是语言学家。这听起来违反直觉，但语言科学家对语言应该是怎样的并不感兴趣，他们感兴趣的是语言实际上是怎样的。德博拉·卡梅伦说，公开纠正别人的语法是"不体面的行为"。人们倾向于认为规定语法（prescriptive grammar）——也就是你的英语老师让你学的语法——是一种强大的、不变的力量，它永远存在着，就像引力或太阳一样。我们忘了，语法规则是由人类发明的，它们是不断变化发展的。今天被认为是"正确语法"的东西在 50 年前可能是完全不被接受的，反之亦然。还记得"ain't"这个短语吗，它曾经属于英国上流社会，温斯顿·丘吉尔就很喜欢用它。但是自 20 世纪初以来，它已经成为英国历史上最受歧视的语法形式之一。

　　从社会学的角度来说，世界上许多语言都有某些特定的语法规则承载着比其他任何语法规则都更重的压力。说话者每天使用的一些最常见的语法结构——名词、形容词、后缀等——都正在悄悄泄露着说话者关于人类性别的想法。所以下次当你的同事、你的兄弟姐妹或推特上的某个混蛋试图嘲笑你的副词用法时，你要准备好本章的知识，予以回击。

世界上大约四分之一的语言中，性别和性别刻板印象已然深深地融入了它们的语法体系。在某些为人熟知的语言中，每个名词都有性，英语不是其中之一，但法语、西班牙语和其他许多语言都是如此。在这些语言中，每个名词都被分入阳性或阴性的"名词类别"，这会影响到单词前缀或后缀的改变。（也有的语言有"中性"的名词类别；有的语言甚至有多达 20 个其他名词类别，划分标准基于"有生命的 / 无生命的""可食用的 / 不可食用的""理性的 / 非理性的"之类的属性，这些我们很快就会讲到。）名词的性也会影响到句子中的其他修饰语，比如形容词和动词过去式，它们的性必须与名词"一致"。

在法语句子"Le dîner est sur la table verte"（晚餐在绿色的桌子上）中，"dîner"（晚餐）这个词是阳性的，但"table"（桌子）是阴性的，形容桌子的形容词"verte"（绿色的）也是阴性的。在西班牙语句子"El nuevo jefe necesita una recepcionista"（新老板需要一名接待员）中，名词"jefe"（老板）是阳性的，用来形容老板的形容词"nuevo"（新）也是阳性的，而"recepcionista"（接待员）是阴性的。（如果这个西班牙语例子中的性给你一种别有用心的感觉，你就已经发现一些问题了。）

这样的名词分类系统叫作"语法性"（grammatical gender）。

在英语中，我们不会给名词指定性——除了当我们用代词"she"指代自然灾害、国家和汽车时（这不是巧合，因为所有这些东西都是危险的，男人觉得需要征服、控制它们。这一点稍后再谈）。但是英语确实有一个被称为"自然性"（natural gender）的系统，也就是英语中仅有的性别名词，例如"man"、"woman"、

"brother"、"sister"、"king"（国王）、"queen"（女王）、"actor"
（男演员）、"actress"（女演员）等，字面上直接对应被谈论者的
性别，第三人称单数代词"he"和"she"同样如此。*

人们总觉得语法性和"自然"性之间没有任何关系，仅仅
因为一个名词在西班牙语或法语中被归类为阳性，并不意味
着这个东西本身就是男性／雄性的。很多情况下的确是这样。
当然，不会有人因为西班牙语中表示眼睛的单词"ojo"是阳
性的，表示下巴的单词"barbilla"是阴性的，就想当然地认为
讲西班牙语的人都觉得眼睛是男性化的身体部位，而下巴是女性
化的部位。

但到了 20 世纪末，语言学家苏珊娜·罗曼（Suzanne
Romaine）认为，语法性和"自然"性之间的关系并不总是那么
不相关。1997 年，罗曼发表了一篇颇具开创性†的重要论文，名
为《性别、语法，以及二者之间》（"Gender, Grammar, and the
Space in Between"）。也是在那一年，发生了戴安娜王妃去世、
泰森咬人事件。罗曼在牛津大学提出了一个令人震惊的理论：在
世界各地的语言中，语法性与人们在现实生活中对人类性别的认

---

* 康奈尔大学的语言学家萨利·麦康奈尔-吉内指出，在英语中，"自然性"实际上
是一个不恰当的说法，因为在很多情况下，我们用来描述某人或某物的性别词并
不是在描述一个名词的"自然性别"，而是在描述我们对其性别的解释。由于这
个原因，她建议我们将英语的相关系统重命名为"概念性"（notional gender）。
我同意这个想法，但为了行文讨论，我将继续使用"自然性"这个术语，尽管这
个术语总是被一堆怀疑的引号包围着。总要对社会语言学术语保持一点怀疑精神，
知道吧？

† 为这个词背后的男性生殖器的内涵而沉默。（译按："开创性"一词的英文是
seminal，含义包括：精液的；种子的；繁殖的；开创性的，重要的。）

知之间，存在着一些毋庸置疑的"渗透"。罗曼的主要观点是，在有阴阳性名词分类的语言——从西班牙语到梵语——中，一个词的性很有可能，有时甚至是不可避免地会渗透到说话人对这个词的理解中去。

如果一种语言将"医生"一词指定为阳性、将"护士"一词指定为阴性，那么说这种语言的人可能会在潜意识中从性别角度来看待这些职业。罗曼认为，语法是一个女性主义问题。后缀和名词的阴阳一致性问题在法国女性主义运动中是中心议题，但在美国不是，其原因在于，在有语法性的语言里，性别歧视的含义是公开显现的，毫不掩饰地在言语的每个地方上蹿下跳。而性别歧视在英语中隐藏得就比较深了。但在这两类语言中，这些问题都是可以克服的。

那么，究竟为什么有些语言会有语法性呢？为了回答这个问题，让我们回到 1000 年前的那个时代，那时性别只被用来给词分类，而不是给人分类。英语中的"gender"一词最初来自拉丁语单词"genus"，意思是"种类"或"类型"，一开始它从未被用在人类身上。几个世纪以来，名词的阳性和阴性类别也可以被理解为"东西 1"和"东西 2"，这是构建语言的一种有效方式，基本上没有人会把名词的阴阳性与人类的生理性别联系在一起。当时有语法性的语言非常多，包括英语。事实上在古英语时代，我们把名词分为阳性、阴性和中性三类，这种结构在今天的许多印欧语言*中仍然存在，比如德语、希腊语和俄语。直到 1066 年，

---

* 这是一个包含数百种语言的庞大语系，其范围包括俄罗斯、欧洲、中东（转下页）

疯狂的征服者威廉[*]带着古诺曼法语登上了英语的舞台，英语的三种性才消失，大多数区分性的后缀也消失了。最终，讲英语的人认为我们不再需要语法性了，于是我们决定采用双向"自然"性系统，如今仍在使用。

直到几百年后，"gender"这个词才扩展到用来形容人。从那之后，"sex"和"gender"就开始互换使用了——那时我们还没有将人的身体和文化相区别。就这样混着用了几个世纪，然后在你意识到问题之前，瞧，语法意义上的"gender"和人类性别意义上的"gender"已然错综复杂地交织在了一起。

今天，像法语和西班牙语那样将每个名词归类为阳性或阴性，对大多数讲英语的人来说可能过于复杂，但英语的自然性系统对没有该系统的语言来说同样烦琐。匈牙利语、芬兰语、韩语、斯瓦希里语和土耳其语是世界上少数几种完全没有"he"和"she"这类性别代词的语言。假如不提及性别，你怎么知道说话者到底在说谁呢？这个问题一般可以借助语境解决，不过有的语言拥有其他更有创意的中性方法。北美原住民的阿尔衮琴语(Algonquian languages)有两个不分性别的第三人称单数代词，谁使用哪个代词取决于谁在会话中处于更核心的位置。在这些语言中，你所使用的代词会随着你讨论的话题而变化。这个系统被称为"另指

（接上页）和印度部分地区。语系是由一种共同的原始语衍生而来的一组相关语言。大约 **46%** 的世界人口以印欧语系的语言为母语，所以你可以认为英语、旁遮普语、波斯语和其他许多语言是拥有同一个曾曾曾祖语言的远亲。

[*] 威廉一世（William I），通常被称为征服者威廉（William the Conqueror），英格兰诺曼王朝的创建者。——译注

人称"（obviation），真是绝顶聪明的方案。

除了代词，还有一些语言本质上是没有性别区分的，其中只有很少几个词语指代一个人的"自然"性别。约鲁巴语（Yoruba）是尼日利亚的一种语言，它既没有指示性别的人称代词，也没有英语中那几十个性别名词，比如"son"（儿子）、"daughter"（女儿）、"host"（男主人）、"hostess"（女主人）、"hero"（男英雄；男主角）、"heroine"（女英雄；女主角）等。相反，约鲁巴语中最重要的区别对象是你所谈论的人的年龄，所以他们不说"兄弟""姐妹"，而说"长亲"（egbon）和"幼亲"（aburo）*。约鲁巴语中唯一与人的性别，或者说生理性征有关的词是"obirin"和"okorin"，意思分别是"有阴道的人"和"有阴茎的人"。所以如果你真的想称某人为你的姐姐，你应该说"egbon mi obirin"，也就是"我那个有阴道的长亲"。当你说得如此具体时，就会反过来发现英语对迅速辨识性别的执迷是多么令人毛骨悚然。

我在高中的外语课上学了意大利语，这是一门有语法性的语言。在学习哪些单词是阴性的，哪些单词是阳性的时候，我总是想知道每个名词到底是如何得到其性的。为什么桌子、椅子和叉子这些词是阴性的，而餐巾、食物和刀这些词是阳性的？表面上看，这似乎完全是随机的。但是语言学家表示，给名词指定性其实是一个极其复杂的过程。形态学家格雷维尔·G. 科比特（Greville G. Corbett）曾经写道，性的指定背后的原理在不同语

---

* 英文原文为"older sibling"和"younger sibling"，但是"sibling"的中文释义仍是区分性别的"兄弟姐妹"，故译作"长亲"和"幼亲"。——译注

言中存在很大差异。有些语言是基于单词的发音或结构，有些语言是基于词义，而大部分语言会同时考虑单词的结构和意义。此外，一个词的性的指定及其背后的动机，很可能会随着时间的推移而变化。

历史上一直有少数男性学者试图操纵语法性和人类性别之间的关系，以反映他们对男性和女性的个人看法。19世纪初，德国语法学家雅各布·格林（Jakob Grimm）将语法性的指定视为生理性别的直接延伸，他认为这一概念对理解世界是非常必要的。"他说语法性的概念是'自然'秩序在每一个物体上的延伸，"罗曼解释道，"在格林看来，用阳性名词命名的东西出现得更早、形体更大、更坚固、速度更快、更刚硬、更活跃积极、更灵活敏捷、更有创造力；而那些阴性名词命名的东西则出现得更晚、形体更小、更柔和、更安静、更隐忍／被动、更愿意倾听和接受。"

格林有个朋友叫卡尔·莱普修斯（Karl Lepsius），是普鲁士的语言学家，他同意这种精准的诠释。莱普修斯甚至声称，只有文明程度最高的、"人类历史上能领导世界的强国"才会区分名词的性。在他看来，有语法性的语言的使用者对人类的两种生理性别有更全面、更成熟完善的理解。没有语法性的语言？它们在"衰落"。

就语法性理论而言，格林和莱普修斯都是蠢蛋，英语现在不还活得好好的吗？——我们也得有点19世纪普鲁士男人的自信。但并不是所有人都对语言是否反映"自然"性这一问题持有极端观点。事实上，许多学者认为语言和"自然"性之间根本没有联系，没有"渗透"。不过格林和莱普修斯在一件事上是正确的，即语法性与说话者对男性和女性的态度并不总是无关的。语法性既不客观，也不必然为真。

有的时候，语法性中的性别歧视能把人气死。

在有语法性的语言中，有很多关于男人和女人的概念是无法按照规定标准用"语法正确"的方式进行交流的。例如在法语中，最受人尊敬的工作称谓都是阳性的，比如警官、医生、教授、工程师、政治家、律师、外科医生以及其他几十种工作称谓（而"护士""看护人""仆人"这些词恰好都是阴性的）。所以，如果你想用法语说"医生很勇敢"，但这位医生恰好是女性并且你想指出这一点，那你就倒霉了，这句话没法说对，因为从语法上讲，法语名词"le docteur"（医生）和形容词"courageux"（勇敢）都必须是阳性的。

法国女性主义者试图想出几个替代词，比如"la docteur""la docteure""la doctoresse"*。但在法国有一个真实存在的语法警察，即一个叫作法兰西学术院（Académie Française）的官方语言委员会，他们不愿意承认这些词，也拒绝将它们收入词典。——在我写这篇文章的时候，法兰西学术院目前的36名成员中只有4名是女性；也不知道为何其中有6名男性成员的名字都是"让"（Jean）。

在意大利语中，阳性名词"segretario"指的是受人尊敬的政要秘书职位，比如传统上由男人担任的国务卿，而阴性名词"segretaria"指的是收入较低的接待员，传统上由女人担任。

---

* 分别加上了阴性冠词 la 和阴性后缀。——译注

今天，如果一名女性从政府部门的"segretaria"起步，一步步晋升为政要秘书，她就必须把头衔的后缀改为阳性的。对她来说，事业的上升就意味着她头衔的"男性化/阳性化"。

这些语法性的指定究竟能对人们看待现实世界的方式产生多大影响？有研究证明，其影响是巨大的。1962年，学者们进行了一项实验，向讲意大利语的人展示了一系列编造的莫名其妙的名词，这些名词有的以o结尾，有的以a结尾——在意大利语中，通常o是阳性后缀，a是阴性后缀。这些人被要求想象这些假名词可能代表什么，然后用一系列形容词来描述它们，比如好、坏、强、弱、小、大等。然后，他们被要求用相同的形容词描述男人和女人。结果呢？阴性名词和女人都被描述为"善良的、软弱的和娇小的"。阳性名词和男人都是"恶劣的、强壮的、高大的"。这项研究证明，语法性不可能不渗透到语言使用者的世界观中。

还有很多语言的名词分类系统并没有明确的性别区分（并不像莱普修斯所说的——不管他是什么意思——对生理性别有"较低级的理解"）。在印度南部的泰米尔语中，名词按种姓的高低来区分。一种名为"奥吉布瓦"（Ojibwa）的美洲原住民语言根据"有生命"和"无生命"的差异给名词分类（在我看来这似乎比阴阳性区分法更符合逻辑）。

泰米尔语和奥吉布瓦语这两个例子很好地证明了，语言的分类系统完全不是任意的，而是直接基于使用者对每个单词含义的理解而产生的。人、动物、树木和神灵都属于奥吉布瓦语名词中有生命的一类，而且在奥吉布瓦人的文化观点中，雪和炊具也是"有生命的"名词。但是在语法性有阴阳性之分的语言中，名词分类的文化意义就开始出现问题了。因为语法性与语言使用者在文化上对人类性别的认知是密不可分的，理论上他们对男人和女人的印象不可能摆脱语言的影响，而且这种影响不可避免地会在他们学说话的时候就开始固化。

　　一个非常不理论化的例子来自澳大利亚原住民的迪尔巴尔语（Dyirbal）。迪尔巴尔语有四类名词，第一类是阳性的，第二类是阴性的，第三类专门指可食用的水果和蔬菜，第四类是指不属于前三种类型的任何东西。这种分类听上去十分简单明了，但奇怪的是在迪尔巴尔语中，一只动物总是首先被归为阳性，除非该动物明显比其他同类更有害或更危险——在这种情况下，它才被归为阴性。例如，在迪尔巴尔语里，鱼属于阳性名词，而危险的鱼，比如石鱼和颌针鱼，就被标记为阴性。所有其他可能致命的生物，以及任何与火、水、战斗有关的东西也是如此。"这种分类原理告诉了我们，迪尔巴尔人是如何看待他们的世界并与之互动的。"罗曼说。

　　迪尔巴尔语系统也是将"阳性"作为默认项的一个例子。仿佛在这个语言的世界里所有的东西都是阳性的，除非有什么理由可以说某事物不是这样的。这种默认的男性／雄性模式出现在数百种语言的语法结构中，比如法语中只有阴性名词用 e 做标记，或者在意大利语中，一群男孩和女孩会自动被称为一群"男孩"（只有当一群人都是女孩时，你才会听到人们使用阴性名词）。有时候，男性／雄性的默认模式会毫不掩饰地出现在语言里，例如埃塞俄比亚的迪兹语（Dizi）就把几乎每一个名词都归类为阳性，除了那些"天生"为女性／雌性的东西，如女孩、女人、奶牛，以及小尺寸的东西，如小扫帚、小花盆。于是语言成了一种明目张胆地排斥所有阴性事物的终极手段。

在迪尔巴尔语的系统中，一个东西只要不能杀死你，就被认为是阳性的。将名词按照危险与否的标准加以性别化的区分这种做法似乎离我们十分遥远，但其实讲英语的人在不知不觉中也做了类似的事情。想想所有用代词"she"而不是"it"来指代非人类事物的例子，例如汽车、船只、飞机、海洋、国家、尼斯湖水怪和飓风。20世纪50年代，美国国家气象局正式决定借鉴海军气象学家用女性名字命名其船只的传统，只给飓风起女性化的名字。幸运的是，在1979年，两个部门共同采取了性别平等行动并修改了该命名系统，将男性和女性的名字都包括在内。以上所有这些事物，都是巨大的、具有挑战和威胁的，同时又有着被男人征服的漫长历史。

1995年，美国联合航空公司的杂志刊登了一篇题为《波音美人》的文章，作者是一位飞行员，他这样描述他的波音727客机："我的妻子乔安娜今天遇到了她的竞争对手。在我们31年婚姻的大部分时间里，她都知道'另一个女人'的存在……当然，我说的是一架飞机……但这是一架多么好的飞机啊。"一个爸爸炫耀他刚上过蜡的宝马摩托车，说："她可真是个美人儿！"一个IT人员在你工作的时候停在你的办公桌前，看了看你出了故障的笔记本电脑，说："把她打开！"2011年，一群语言学家在《流行文化杂志》（*Journal of Popular Culture*）上发表了一项研究，分析了卡特里娜飓风过后商家销售的带有性别歧视的纪念T恤，其上印着的标语包括"卡特里娜，那个婊子！""我被卡特里娜骚扰、鄙视，还被她夺了：臭婊子""让卡特里娜吹我吧：她阻止不了我去 2006 年的油腻星期二狂欢节 *"。

20 世纪 20 年代，男性语言学家为这种赋予物体人称代词的做法起了个名字，称之为"升级"（upgrading），好像把这些东西叫作"她"，就把它们提升到了人类的地位。他们不明白的是，这样做是同时把女性贬低到玩物和私有财产的位置。

实际上，这些把女性比作自然力量、领地财产和技术产品的隐喻，是将女性性别推到了远离人类的"他者"范畴。在罗曼看来，通过把"她"类比为风暴和海洋，"女人变成了自然与文明之间冲突的象征，她用美貌诱惑男人，用魅力吸引男人，但她十分危险，因此需要被征服"。女人是需要被殖民的大陆，是需要被攻占的堡垒。这种情绪不仅反映在英语中，在世界各地的语言——从意大利语到泰语——中都是如此。一个国家的政府拥有所谓的"开国之父"，而该国的土地却被视为一个女性实体——"大自然母亲""处女地"。在语法、寓言故事和现实生活中，女性都被看作文明的男性世界之外的荒蛮之地，野性的东西命中注定需要被驯服成我们传统上希望女性成为的脆弱、娇嫩的花朵。

一些学者认为，具有语法性的语言对说话者的态度会产生更明显的影响。1982 年的一项研究表明，说希伯来语等有语法性的语言长大的孩子，比说英语或芬兰语长大的孩子更早开始形成自己的性别认同。对这些发现的一种解释是，像希伯来语这样的

语言可能会在意识形态上更早地让讲这种语言的人陷入性别刻板印象。但罗曼对此并不担忧，因为一个问题越是显眼，就越常被讨论。罗曼说："在使用有语法性的语言的地方，比如法语和意大利语地区，说话人的注意力经常被吸引到性别问题上，而英语区就不是这样。"只要对问题有更多关注，解决方案或许就近在咫尺了。

尤其是在法国，语言是女性主义者最有力的抵抗工具之一。法国女性经常用阴性词代替阳性词，比如用阴性的"la personne"（人）代替阳性的"le sujet"（主体）来描述故事或对话里的人物。"虽然从理论上来说，'le sujet'既包括男性也包括女性，但是法国女性主义理论的观点之一是父权制一贯将主角设置得男性化，从而彻底把女人排除在外，"罗曼解释道，"多么矛盾，这个语法上包含女人的单词却反过来抛弃了女人。"

在英语中，我们使用更具包容性的"person"来代替一些单词中原有的"man"，例如"chairperson"和"salesperson"。但与法语的区别在于，英语试图将性别完全从这些词中抹掉，但法语中的"la personne"是明确的阴性词。英语的"person"没有彰显那么"激烈"的态度，因为它并没有把单词彻底转换到女性范畴。罗曼评论道："一旦把'la personne'翻译成英语，法国女性使用该词的政治意义就丢失了。"尽管女性主义者也可以用类似的方式来吸引人们对英语的注意——通常是通过文字游戏和重新拼写来实现的，比如"herstory"（"她的故事"，历史）、"womyn"（女人）*，以及"shero"——但似乎并没有获得那么多的关注。

部分原因可能是，包括上述单词在内的很多词从理论上说已经去性别化了，所以并不是每个人都能接受经"女性化"改造后的词。许多女性喜剧演员说，她们讨厌被人们称呼为"comediennes"（女喜剧演员）。"我不喜欢人们这样叫我，"《大城小妞》的主演伊拉纳·格雷泽 2016 年告诉 *Elle* 杂志，"人们会专门说'doctresses'（女医生）吗？"赵牡丹[†]对此表示赞同："我更喜欢被叫作脱口秀演员，不加'女'。"

心理语言学研究表明，在英语中，过于"女孩化"的后缀，如"-ette"和"-ess"，实际上具有明确的负面或贬低的含义。毕竟，"-ette"最开始并不是一个女性词缀，而是用来指代小尺寸或者低价值的东西，例如"kitchenette"（小厨房）、"cigarette"（香烟）。像"actress"和"waitress"（女服务员）这样的词仍然在日常生活中被使用，但过去这种加女性后缀的名词数量更多："neighboress"（女邻居）、"singeress"（女歌手）、"servantess"（女

---

* womyn 是去"男人"（man/men）化的女人。——译注

† Margaret Moran Cho，韩裔美籍喜剧演员、脱口秀演员、服装设计师、演员、作家和创作歌手。在脱口秀节目里，她时常对美国的政治和社会议题，尤其是性别和种族问题进行批评和嘲讽。——译注

仆，女侍者）、"spousess"（女配偶）、"friendess"（女性朋友）、"farmeress"（女农民），甚至的确有"doctoress"，这些都是中世纪英语中真实存在的词，但后来逐渐悄无声息地消失了。

有很多女性反对使用这些女性化的后缀，但也有人喜欢它们。就像有的女性非常希望自己的性别在"女作家"或"女科学家"等称呼中被突出一样，也有女性喜欢并认同性别倾向明显的"女孩化的"语法结构。不久前，我在社交媒体上发帖聊过，意大利语对雄性大象和雌性大象进行了区分——"elefante"是"雄性大象"，"elefantessa"是"雌性大象"——尽管我收到的评论中有一半表示这样很奇怪也毫无道理，但我也收到了一些女性的留言，她们认为"-essa"后缀具有迷人的女性气质，丝毫没有贬义。

很多女性都觉得女性化的单词后缀非常有魅力。一个鼓励年轻女孩从事科学、技术、工程和数学工作的英国组织就以其公司名称"STEMette"为荣。我最近浏览了一位女性企业家创建的网站，她把自己称作"entrepreneuress"（女企业家）。这些名称是否带有性别歧视，我们目前无法得出结论。但值得思考的是，它们为什么会给我们这样或那样的感觉。

从批评语法性中获益的当然并非只有女人，对于跨性别者和非常规性别者来说，这不仅具有政治意义，而且非常实用。你可能会认为，一个觉得自己既不是男人也不是女人的人根本没办法使用像法语这样的语言，但讲法语的酷儿们想出了一些非常有创意的方法来解决这个问题。加州大学圣巴巴拉分校的语言学家拉尔·齐曼说："实际上，人们可以借助二元语法性系统将自己置于二元性别之外。"齐曼为学校教师举办了专门的讲习班，教授他们如何在使用二元系统的语言的情况下包容多元性别。

比方说，讲希伯来语的酷儿经常把阴阳性形式混合使用，或者发明全新的形式，以英语使用者没机会尝试的方法来表达他们的酷儿身份。2016年，一则有关马里兰州某个说希伯来语的夏令营的消息流传开来，该夏令营允许孩子们修改有性别倾向的单词后缀，好让每个人都感到被包容。希伯来语与意大利语类似，也会用阳性的"孩子"一词来描述任何一个包含男孩的群体，哪怕其中的男孩只有一个。希伯来语中的"孩子"词尾是阳性后缀"-im"，而这个词的阴性后缀是"-ot"，但在莫肖瓦夏令营，男孩和女孩们把这两种后缀混合在一起，发明了一个新后缀"-imot"。就连"露营者"这个词在希伯来语中也是有性别区分的，"chanich"的意思是男性露营者，"chanichah"是女性露营者，这就把那些不认为自己属于二元性别的露营者排除在外了。然而在这个夏令营中，非二元性别的孩子可以使用一个新的、去性别的词："chanichol"。

社会语言学家认为这些新的语言用法既迷人又令人兴奋，但不是每个人都觉得兴奋。我认识的许多人（以及在 Reddit 上看到的一些人）在日常生活中从不考虑也不关心"正确语法"，但此时此刻突然变得焦躁不安，因为他们看到竟然有人仅凭个人心意就想改写词语。在这些人眼中，语法是至高无上的、稳定的权威，任何人都不可以随意挑战。

在美国，人称代词的变化也掀起了不小的风浪。随着跨性别者和非二元性别者越来越多地步入大众视野，关于"首选代词"

（preferred pronoun）*的讨论也越来越多，许多认为自己非男非女的人选择使用"they"（伊）†作为自己的第三人称单数代词。有人对此表示异议，并拒绝接受把"they"用作"单数"人称代词，因为这个词从他们一开始学习起就是复数的。他们反驳说，任何其他用法都是语法错误。

这些人的逻辑有两个巨大缺陷。第一，用复数代词表示单数含义对讲英语的人来说不是什么新鲜事。几百年前，第二人称代词"you"只能代表复数"你们"，"thou"是单数"你"，例如："Thou shalt not kill"（你不可杀人），"Thou shalt not lie"（你不可说谎）。不过最终，"you"的含义扩展到了单数代词，"thou"被彻底抛弃了。谁能保证同样的事情不会发生在"they"上呢？

反对"they"成为单数代词的另一个重大逻辑缺陷是，大多数人其实已经非常自然地这样用它了，自然到他们自己甚至都没

---

* 我给"preferred pronoun"加了引号，是因为许多非二元性别者认为这种说法略有不妥。他们认为，代词不是首选不首选的问题，它们要么是正确的，要么是错误的。对于一个非二元性别的人来说，被用二元性别代词指代就像有人用"he"这个词来指代我妈妈一样不准确。这不是个人喜好的问题，这是一个准确与否的问题。

† 把第三人称单数代词"they"译为"伊"的理由如下：（1）"伊"作为不分性别的第三人称代词历史悠久。尽管上古汉语中并没有真正的第三人称代词，但是"伊"与"彼""其""之""他"都能充当第三人称代词。另外，"伊"从魏晋时期开始作为第三人称代词使用，例如"勿学汝兄，汝兄自不如伊"（《世说新语·品藻》），"羊邓是世婚，江家我顾伊，庾家伊顾我"（《世说新语·方正》），"吾见张时，伊已六十"（《南史》），"薛蟠因伊倔强，将酒照脸泼去"（《红楼梦》）。（2）"伊"在现代吴语、闽南语、闽东语、莆仙语中仍然大量使用。现代白话文初兴时，"伊"曾被作为第三人称女性代词使用，但今已罕见。（3）与汉语中其他无性别第三人称代词（如渠、佢、彼、斯人、此人、怹）相比，译者私心觉得"伊"更好听。——译注

有意识到——到目前为止，我在本章中已经用过一次单数代词"they"，找到它的人得 100 分。自中古英语时代以来，讲英语的人就一直用"they"作为单数代词指代尚不知晓其性别的人，比如："Someone left their goblet in the gatehouse."（有人把他的酒杯落在门房了。）从语法规则来说的话，"they"一直都是完全可以被接受的第三人称单数类指代词，直到 18 世纪晚期才发生改变。因为那时，语法学家决定让人们把"he"用作类指代词了。他们这样做的理由？因为拉丁语曾经就是这么用的——讲英语的人对拉丁语的痴迷造成了英语中许多最令人困惑的语法规则，比如什么时候该用"you and I"，不该用"you and me"。结果就是，格式手册收入了类指代词"he"，多数教育从业者也紧随其后，迅速说服自己在任何语境下都不可以把"they"用作单数代词，这不仅在语法上不可接受，而且从根本上"不合逻辑"。

尽管如此，数以百万计的普通人，包括许多受人尊敬的作家，都选择忽略这个新的"he"，继续使用"they"作为不区分性别的单数代词——简·奥斯汀在她的 6 部小说中使用了整整 75 次。比如《傲慢与偏见》中的这句话："But to expose the former faults of any person, without knowing what their present feelings were, seemed unjustifiable."（但是，不知道别人现在的感受，就去揭露别人过去的缺点，这似乎不近人情。）再加上第二波女性主义运动中的女性主义者抗议说类指的"he"含有性别歧视，于是最终，语法权威们听从了民众的声音。今天，许多著名的语法参考书，比如美联社格式手册（AP Stylebook），以及脸书和加拿大政府等极具影响力的机构，都开始正式支持单数"they"的使用。因为大多数人都同意，在实际生活中，类指代词"they"比类指代词"he"更好用，根本不在乎语法书怎么说。

如今，单数"they"面临的唯一问题似乎是，当一个人认为自己既不是"he"也不是"she"，并专门要求别人用"they"称呼自己时，人们无法接受。这时，你就会听到这样的争论：这样用"they"如何违背基本语法规则，如何令人困惑，如何麻烦，不如不用。我认识的人里有一些认为，只要我们想出一个全新的代词就可以解决整个问题，因为这样至少你会知道说话者指的是一个人，而不是多个。但问题是这个办法我们已经试过了，并没有成功。20年前，酷儿群体中最常用的非二元代词不是"they"，而是不分性别的单数代词"ze"（发音类似于字母 z）。如果说单数代词"they"的推行阻碍重重，那么"ze"想为人接受更是难于上青天。对于大多数讲英语的人来说，相比开始在一个有点陌生的语境下使用一个已经存在的单词（比如单数人称代词"they"），学习一个完全陌生的新单词更让他们难以接受。——尽管如此，现代历史上至少有一种语言成功发明并推广了全新的人称代词。2014 年 7 月，瑞典官方词典将去性别的第三人称单数代词"hen"添加到"han"（他）和"hon"（她）的旁边，许多人几乎毫无怨言地把"hen"纳入了自己的词汇中。

我承认，虽然把"they"用在一个特定的人身上可能很难，但就像任何一项新技能一样，我们需要做的只是多加练习，而且大多数人并不介意你偶尔无心说错代词。在学习如何使用单数"they"时，我当然也犯过不少错误，但是都没有恶意，所以没有人因此感到不悦，现在我已经可以熟练自如地用它了。

对于那些仍然不知道该怎么快点习惯使用单数代词"they"的人，拉尔·齐曼给了一个非常好用的建议：把代词当作别人的名字一样使用。你不可能看一眼就猜出一个人的名字，你得问才能知道，如果这个人告诉你自己姓甚名谁之后，你争论说对方不该叫这个名字，那就太奇怪，也太粗鲁无礼了。每个人都有自己的名字，这个名字可能不好记或者不好发音，但是我们都应该努力记住并说对别人的名字，这是起码的礼貌。——比如这样说就非常无礼："什么？你的名字是克里斯安瑟默姆？不行，太长了我记不住，我就叫你鲍勃吧。"所以坚持用别人并不认可的代词称呼伊，一样十分无礼。人们当然也可以随时更改他们的名字——如果我们偶尔说错新名字，那也没关系，但其他人最后都要接受并使用这个新名字，否则就会显得奇怪而无礼。我相信20年以后，向别人同时介绍自己的名字和首选代词将会成为常态。"你好，我叫阿曼达，代词 she/her。你呢？""我叫萨姆，代词 they/them。很高兴认识你。"这真有那么难以理解吗？

对一些人来说，这还真有那么难以理解。但是那些完全拒绝学习新代词的人不该把语法作为辩护理由，因为语言学者知道语法并不是真正的问题所在。如果你不认可非二元性别身份，也不觉得自己需要认同非二元性别，那么你无论如何都有可能找到一个理由拒绝使用去性别化的语言。拉尔·齐曼说："这是一种预设结论，然后反推论据的行为。"接着他给我讲了一个故事，说他的伴侣使用单数代词"they/them"，而伊的母亲无法接受，于是伊和母亲之间总是发生冲突。"伊的妈妈总是说：'因为对我来说 they 是复数。如果你用 ze 就好接受多了。'所以，最终我的伴侣只能说：'好吧，如果这对你来说真的更容易接受的话，那就用 ze 吧。'但这并没有提高她的用词准确性。"

这些语言的结构变化之所以会引起如此强烈的反应，原因是可以理解的。这不仅仅是性别代词的问题，比起非二元性别身份和单数代词"they"进入主流文化对话的历史，讲英语的人高度重视用词符合语法标准的历史要久远得多。这种情况已经持续几个世纪了，从历史上看这与性别没有太大关系，而是与金钱和社会阶级有关。

你看，在欧洲的封建时代，也就是有贵族、贵妇和农民的时代，如果你出身贫寒，你就会一辈子贫寒。对注定贫寒一生的人来说，学习如何"正确地"说话改变不了他们生活中的任何窘境，一点用都没有。但随着 15 世纪封建制度的结束，阶级之间有了新的流动机会。那也是印刷机被发明的时代，随之而来的是语法指南的出版。现在你有机会成为更高社会阶级中的一员了，于是人们对学习如何像地位高的人那样说话开始产生了兴趣。很快，一种"标准"的语言形式得到了国家和教育系统的认可，这也加强了语言的阶级分化。几个世纪以来，提升社会地位的重要性在社会文化中越来越深入人心。

在美国，掌握英语语法已经和美国梦本身联系在了一起。我的一个朋友是第一代在美国出生的移民后裔，她曾经告诉我，从小到大，她的日本父亲让她每次说了俚语就往罐子里放一美元。"他觉得这让我听起来很低贱，"她说，"他是一个移民。"对于我朋友爸爸这样的人来说，说"得体"的英语是通往有白色尖桩栅栏的大房子的必经之路。如果你想成为一名 CEO，你必须听起来像一个 CEO，不关心语法意味着你不关心自己的未来。

话虽如此，但并非所有的语言纯粹主义者都有相同的背景，也并非所有的语言纯粹主义者都有相同的目的。许多人反对单数"they"是出于社会保守主义思想，但美国人数最多的一批爱纠正别人语法的自命清高者实际上来自政治左翼。德博拉·卡梅伦说，她 2014 年加入推特时注意到的第一件事是，受过良好教育的进步派经常利用自己高超的语法技能来对抗保守的偏执狂。来看看 2016 年推特上的这段对话：

> A：作为一个直男，要是你的孩子有一个同性恋老师，你会作何感想？！他们（their）可是每天八小时都在孩子身边啊！
>
> B：如果一位同性恋老师能教我孩子用对"they're"（他们是）、"their"（他们的）和"there"（那里），那我当然没意见。

在这个政治高度分化的世界里，大多数言论都是在网上发表的，像该推文*中这种对语法的挖苦，已经成为首批对抗种族主义、恐同主义和仇外言论的攻击策略。2016 年，英国的一则新闻报道称，一名白人女性对一名移民女性进行言语骚扰，后者回应道："我的英语说得比你好！"受害者后来告诉记者，这位保守偏执狂的"语法差得令人震惊"。

---

* 郑重声明，不分清 they're/their/there 或 your/you're/yore 而胡乱打字，严格来说是拼写问题，不是语法问题。但无论如何，推文里的言论都是一种故意卖弄的迂腐行为。

在这种情况下当然不能责怪那些自我防卫的人，但你必须问一下，为什么声称自己的语法比对手更好往往是首选的回击武器。语言学家认为这源自一种观念，即保守派偏执狂不仅腐朽而且愚蠢，并且这两者之间是紧密关联的。卡梅伦解释道："这让批评者在智力、文化和道德上都能得到优越感。"这种感觉的确令人满意，但现实是，语法和道德之间没有任何关系，攻击保守派偏执狂语法糟糕本身并不能证明你是一个更好的人。这可能证明你接受教育的机会比他们更多，或者你花了很多时间学习标准英语语法规则。然而，一个人所说的话的道德意义在于内容，而不是语法。正如卡梅伦所说："希特勒的法西斯主义思想不会因为他能写出连贯的句子而有任何减少。"

纠正人们使用的介词或者悬垂修饰语 * 的行为有一个深层问题，即指出别人"语法糟糕"往往是对不标准的英语方言的批评。例如，一个说非裔美国人白话英语的人可能会因为使用了双重否定，如"I didn't say nothing"（我什么都没说），而被人批评语法有误。但是批评者没有意识到非裔美国人白话英语是一种系统化的方言，双重否定是其常规语法的一部分，并不是什么错误。尽管双重否定在如今的标准英语中已经几乎绝迹，但几个世纪前，从乔叟到莎士比亚再到普罗大众，都会使用双重否定。正如前文提到过的，直到英语标准化时期那些古板的语法学家决定我们应该效仿拉丁语，禁止双重否定，这种用法才被认为是"错

---

* dangling modifier，因修饰语所修饰的对象不明而产生歧义的一种语法结构。——译注

误的"。

语言学家都知道，一门语言的非标准形式客观来说并非"不好"。语法形式本身，例如说"he be"*不说"he is"（他是，他在），本质上并不比我们在英语课上学到的标准更差或更好。这些非标准用法被污名化的原因只是我们对使用它们的人有意见而已。

当受过高等教育的人监督别人的语法正误时，他们所做的事情与厌女者的行为基本无异——厌女者会因为一个女人使用了句尾升调或气泡音，就对她的话不予理会。二者都是基于先入为主的偏见来评判一个人的语言。指出别人语法问题的人通常只是在借此回避话语中的实际信息，敏锐的听者是能分辨这一点的。"纠正别人的语言是一种自命清高的行为，而自命清高就代表着偏见。"卡梅伦说，"恕我直言，这一点也不值得骄傲。"

所有这些语法批评家——从单数"they"的反对者，到推特上的语法老师，再到法国的法兰西学术院——有一些共同之处，即无论他们的政治信仰是什么，他们都有一种强烈的冲动去纠正言语或阻止言语的改变。大多数人也是如此。每当语言改变时，

---

* 在非裔美国人白话英语中，"he be singing"（他在唱歌）和"he be eating"（他在吃东西）这样的短语具有一种独特的语法时态，被称为"惯常 be 动词"（habitual be）。一个普遍的误解是以为讲非裔美国人白话英语的人在任何情况下都会随意地使用"be"而不是"is"，但这两个词的意思其实是不同的。惯常 be 动词用来标记重复的或习惯性的行为，所以"He is singing"这样的句子意思是"他现在正在唱歌"，而"He be singing"的意思是"他是一个经常唱歌的人"。在 2005 年的一项著名实验中，研究者给讲标准英语和讲非裔美国人白话英语的两组孩子观看了一幅图片，图上是芝麻街的角色埃尔默在吃饼干，饼干怪兽就在一旁看着埃尔默吃。两组孩子都认为埃尔默正在吃饼干，但讲非裔美国人白话英语的小孩在描述饼干怪兽时说"Cookie Monster be eating cookies"（饼干怪兽经常吃饼干），因为这是该角色的一个广为人知的习惯。

就像生活中发生任何变化时，人们都会不禁感到有点坐立难安。这是因为语言的变化往往是更大的社会变化的标志，而大变化会让人们焦虑。这就是为什么无论在什么时代，40岁以上的人总是讨厌青少年俚语，因为它代表着新一代的崛起和对世界的接管。我妈妈的一个朋友，一个快60岁的男人，最近告诉我他"讨厌"今天流行的很多俚语，比如"shade"（冒犯）、"lit"（炫酷）、"G.O.A.T."（史上最佳），因为"它们对改善英语没有任何帮助"。有趣的是，我可以保证40年前他的父母也对他说过同样的话，批评他们瞎用什么"cool"（酷）、"bummer"（烦人）、"freaking out"（吓死了），可是这些短语现在都已经被广泛接受，在英语术语中占据了一席之地，谁还记得它们一开始都是恼人的青少年俚语呢？

最能招致骂名的可能是推动政治正确的那些语言变化。保守媒体不遗余力地将这种改变涂上负面色彩，大肆宣扬在这个时代"你什么话都说不成了"的谬论。他们担心的是如果被迫使用不区分性别的语言，比如单数代词"they"、取代传统的"Mrs."（夫人）和"Mr."（先生）的"Mx."、取代"boys and girls"（男孩女孩们）的"friends"（朋友），就会对言论自由构成极大威胁。

当然，实际上在这个国家，没有人可以强迫任何人说特定的话，政治正确根本不会危及我们的言论自由。它唯一真正威胁到的是这样一种观点，即我们的用词是可以与政治分离开来的，也就是说我们选择的沟通方式并不能代表我们内心深处是什么样的人。作为说美国英语的人，我们完全可以自由地使用任何我们想使用的语言，但是我们只需要知道，我们的话语在某种程度上的确揭示了我们的社会和道德信仰。所以如果有人说"commedienne"而不是"comic"，或者用"she"来代表法拉利汽车，并因此招致批评，不是因为他们表露了赤裸裸的性别歧视，而是因为他们的用词说明了他们对性别平等的漠视。政治正确让一些人感到恼火之处，并不在于这些人不能再使用某些特定的词语，而是在于这些人不再被允许选择漠视政治的中间立场了。

为了捍卫他们反对语言变化的观点，一些人会声称他们的"大脑不是那样工作的"。他们就是"无法处理"像去性别人称代词这样的新规则。对于这个问题，我的回答是：我们何不让下一代拥有这样的大脑呢？正如拉尔·齐曼所说："我们真正需要改变的是对小孩进行早期语言教育的方式。"只要我们相信，能快速切换指代某人的代词是一种有价值的技能，那该技能就可以成为我们语言教育的一部分。我们可以在语法课中加入性别包容语言的教学。掌握灵活使用语言的技能，为什么不可以像知道何时用"well"而不是"good"、何时用"your"而不是"you're"一样值得赞赏呢？

当然，我们可以选择尽最大努力参与其中，也可以选择置身事外、作壁上观。但无论我们做出什么选择，都要明白语言无论如何都会沿着它自己的道路快乐前进。顽固偏执的保守派和自命清高的迂腐学院派将被留在车站，而在语言上灵活多变、包容各种性别的一代人将乘车远去，融入落日余晖。

我希望能在远方见到你，听说那里会有一场盛大的聚会。

第六章　如何让骚扰你的人陷入自我怀疑

以及其他用话语粉碎父权制的方法

在公共场所骚扰女性这件事,印度人把它叫作"挑逗夏娃"[*],我觉得挺有诗意的。这个短语让我联想到的画面是,地球上的第一个男人踮着脚尖、欢快轻佻地跟在地球上的第一个女人身后,他遮羞用的无花果叶随风轻舞着。在叙利亚,这种行为有时被称为"taltish",这个词就不那么诗意了。它有两个发音刺耳的字母 t,描述的是一种轻快利落地述说某事的方式,感觉就像把一杯马提尼酒泼在听者脸上。"piropos"这个词在整个拉丁美洲都很有名,它来自古希腊语单词"pyropus",意思是"火色的"。据说,古罗马人用这个词表示"红色的珍贵宝石",类似红宝石:它代表着心脏,因此男人追求女人时就会送她这种宝石(没钱送女人宝

---

[*] Eve teasing,流传在印度、孟加拉、巴基斯坦等南亚地区的短语。最早于 20 世纪五六十年代出现在报章上,被印度、孟加拉的媒体和警方用于指代性犯罪,从而避免因描述性犯罪的细节而触犯这些国家的保守文化。2011 年 1 月,孟加拉高等法院判决"挑逗夏娃"短语带有歧视含义。——译注

石的男人们，就改送花言巧语）。但我用来代表骚扰女性行为的词只有一个，它是在 18 世纪的英国被发明出来的，那时它指的是对脆弱的戏剧演员起哄的行为："衣服不错啊，美男！"，或者"滚下去！"。在英语中，我们称之为"catcalling"（喝倒彩；吹流氓哨、街头言语性骚扰）。

很多语言中都会有一个短语来形容一个人（通常是一个男人）在街上对一个他们不认识的人（通常是一个女人或具有女性外表的人）大声进行性评论的行为，因为几乎能在每个国家找到这种街头言语性骚扰行为。尽管很多街头流氓（catcaller）声称他们这是在夸赞别人（"宝贝儿你这是去哪儿啊？""龠，看那屁股！"），但社会科学家和遭遇街头流氓的人都能看出这才不是他们的真正意图。当我还是一名大学生的时候，我会因为别人觉得我性感而激动，不管我穿着什么衣服，从迷你裙和高跟鞋到药妆超市里随手买的万圣节睡衣套装，我总会在街头被这样"搭讪"。我那身万圣节睡衣上写着"Boo!"（嘘声），然后街头有个人就"嘘"了我，还向我求婚。

那个男人并不是真想和我结婚，也并不是想让我觉得我自己很棒，他只是希望我听到他的声音，让我明白他能控制我，至少在那几秒钟能控制我。因为街头骚扰本质上与性无关，它只关乎权力。

自父权制出现以来，语言一直是男性维护其统治地位，确保女性和其他受压迫的性别无法控制发生在自己身上的事情的主要手段。在公共场合猥亵地调戏陌生人可能是他们最浮夸的策略之一，但这并不是他们唯一的策略。其他剥夺权力的策略还包括，给女性贴上"overemotional"（过度情绪化）、"hormonal"（荷尔蒙过剩）、"crazy"（疯狂）、"hysterical"（歇斯底里）*的标签，以此将她们的经历贬低为不可采信的、不值一提的；或者在工作场合称女同事为"sweetheart"（甜心）或"young lady"（小姑娘），把女同事（通常是潜意识地）贬低到从属于他们的地位。我曾经工作过的一个办公室里，公司老板用头发颜色指代每一个女员工："你今天来得可真早啊，金发美女。""那篇文章写得怎么样了，小粉妞？"——我还有一个同事是男员工，他的后脑勺剃着锯齿形的发型，但老板叫他时只叫他的名字"丹尼尔"。

其他基于性别的权力游戏包括以一种高人一等的"教你做事"的口气与女性交谈，也就是"mansplaining"（男性说教）。最近最著名的"男性说教"的例子之一，来自 2017 年的一段视频，视频中有六位杰出的科学家在进行小组讨论，其中一位是女性，她是加利福尼亚大学戴维斯分校的教授韦罗妮卡·胡贝尼（Veronika Hubeny）。讨论进行一个小时后，男主持人（不是物理学家）终于向胡贝尼提出了一个问题，但他的音量马上盖过她，试图替胡贝尼解释她的研究，却没有成功。此时一名观众喊道："请让她说话！"观众们随即爆发出热烈的掌声，主持人终于闭

---

* "hysteria"这个词已经被性别化了几千年。这个词源于古希腊单词"womb"（子宫），到 19 世纪时已演变成用于形容一种"女性精神疾病"，其特征是毫无缘由的情绪不稳定。据推测，当时治疗歇斯底里的一种常见疗法是"歇斯底里发作"，即男医生用手让女病人达到高潮。今天，谢天谢地，心理健康专家明白了歇斯底里并不是一种真正的疾病，然而"hysterical"这个词阴魂不散地留存至今。那个时代，如果你是一个患有正常疾病的女人，医生很可能会认为你根本没病，然后哄骗你说一切正常、一切都好，是你想多了。这足以让一个人彻底疯掉。

上了嘴。

　　不停地打断女性发言也是一种类似的控制策略。许多研究表明，女性在工作和社交场合比男性更容易被打断（1975 年的一项规模不大但意义重大的调查发现，记录在案的男女对话中，几乎 98% 的打断都是男性造成的）。更糟糕的是，男人还有完全不做回应的行为。罗宾·拉科夫曾指出，打断别人发言所传达的含义是说话人在此没有发言权，或者他们说的话不重要，但是完全不回应是从根本上否定了受害者发言的存在。这就像是在说，女人根本不可能做出有价值的贡献；所以对听者来说，女人的发言可能只是一阵噪声有点大的风，根本不值得回应。记得有一次，我向一群富有创造力的高层人物推销一个项目，他们的老板是一个 60 多岁的英国人，他在整个会议中一句话也没说，当我发言结束时，他立刻开始和同事继续谈论我来之前他们在聊的话题，仿佛我刚刚 45 分钟的讲话从来没有发生过一样。

　　男人还有一种行为是，当一个女人指出他们的不妥行为冒犯了自己时，他们会反驳并否认女人的指控。

　　男人经常随意地用语言来支配女人并不是什么新闻。我们很难忘记，不久以前女人甚至在法律或政治意义上还不被认为是"人"（美国女性直到 19 世纪末才被允许拥有自己的财产，半个世纪后才拥有投票权，而这还仅限于白人女性）。尽管女性在商界和政界的优秀代表越来越多，但整体而言，女性的境况并没有自然而然地好转。相反，事实往往是，随着女性获得更多的自由和控制权，男性借助话语凸显权力的行为也在相应增多。因为男人们早已习惯了自己作为全人类的代言人，这真要感谢几千年来的"传统";所以当女人开始进入他们的领地时,男人们觉得必须做些什么来巩固自己合法享有的权威。在某种程度上,街头言语骚扰、打断女人发言、无视女人并说她疯了,以及其他的噤声手段,都是在回应女人对他们权威的渐进挑战,都是让女人的想法和言论变得无关紧要的方式,都是阻止女人夺回权力的诡计。

"堵嘴噤声永远是一种政治策略,"罗宾·拉科夫在 1992 年的论文中写道,"失去了声音就意味着失去对事情的'发言权',失去讲述自己遭遇和经历的'发言权',失去能代表自己的一切……不论是在被剥夺者眼中,还是在其他人眼中,被剥夺话语就等于被剥夺了人性。"当一个人的人性被剥夺时,平等对待他们的义务也同时被取消了。"因此,以任何形式让女人噤声的目的都不仅仅是为了让男人更享受交谈,"拉科夫说,"它是制造、强化政治不平等,并使其看似合理且不可避免的基本工具。"

令人充满希望的事实是,不平等实际上不是在所难免的。要纠正这个错误,我们需要做的是说服那些目前霸占着麦克风的人——也就是垄断社会和政治控制权的人——听从幼儿园老师当初给我们的教导:轮流来,让别人也有机会拿麦克风。另外需要做的是,让那些一直以为自己不配获得麦克风的人有机会直接拿到它。但棘手的是,我们必须首先理解为什么这些语言支配行为会以这种方式发生——我们必须理解街头言语骚扰、打断女人发言,和其他形式的基于性别的语言骚扰的社会功能——否则以上种种都是空谈。理解上述行为将帮助我们了解为什么我们现有的处理话语权力行为的策略到目前为止效果都不太好,然后我们怎样可以做得更好。

近年来，语言支配行为并没有减少，反而有愈演愈烈的趋势。2017年的一项研究分析了最高法院1990年、2002年和2015年的庭辩记录，结果发现，随着更多女性法官坐上了法官席，女性发言被打断的情况非但没有改善，反而越来越多。如果你期待女性法官越多，女性权力就能常态化，你可能会大失所望。"打断发言是为了建立主导地位……因此，女性越有权力，被打断发言的次数就会越少。"研究者这样写道。然而现实情况是他们发现：在1990年，当桑德拉·戴·奥康纳（Sandra Day O'connor）大法官是法官席上唯一的女性时，35.7%的打断发言是针对她的，这在九位大法官中已经是很高的比例了；十二年后，在露丝·巴德·金斯伯格成为大法官后，这两位女性法官发言被打断的次数所占的比例达到了45.3%；2015年，当三名女性法官——金斯伯格、索尼娅·索托马约尔和埃琳娜·卡根（Elena Kagan）——坐上了大法官席位，这个数字上升到了65.9%。

　　"尽管有越来越多的女性在法庭上取得重要地位，情况反而变得更糟了。"该研究的作者们写道，他们同时证明了打断发言的动机绝对包含性别因素，与大法官资历是否深厚毫无关系。得出这一确凿结论的根据是，研究者发现女性法官不但比男性法官更经常被男性同事打断发言，而且也更经常被法庭职权低于她们的男性打断，也就是那些试图说服她们的男性辩护律师。由此作者总结道："尽管最高法院大法官是这个国家最有权势的一部分人，但性别在他们身上的影响力大约是资历的30倍。"——更别提在2015年，最常见的打断法官发言的现象是男性辩护律师高声盖过索托马约尔大法官的声音发言，这种情况占到当时法庭上所有打断事件的 8%。索托马约尔也是最高法院唯一的有色人种女性法官。

　　大多数女性没有在最高法院法官席上被打断发言的经历，但她们都经历过言语性骚扰。在所有贬低女性的语言策略中，我们经常听到的往往是街头言语骚扰，因为（1）这是一种几乎所有女性，或外在形象被视为女性的人都经历过的性别压迫形式，而且（2）经历过的女性几乎都对此深恶痛绝。根据非营利组织"喊回去！"（Hollaback！）和"停止街头骚扰"（Stop Street Harassment）*在 2014 年进行的两项调查显示，65% 到 85% 的美国女性在 17 岁之前经历过街头骚扰。有此遭遇的女性涵盖各年龄段、种族、收入水平、性取向、地区，受害者中还包括许多男性，尤其是非异性恋和非顺性别男性。来自"停止街头骚扰"组织的数据显示，自我认同为女同性恋者、男同性恋者、双性恋者或跨性别者的受访者明显比其他人更容易遭受街头骚扰。黑人和西班牙裔也更容易遭遇频繁的街头骚扰。

　　在广播节目《美国生活》（*This American Life*）的一期里，澳大利亚记者埃莉诺·戈登-史密斯（Eleanor Gordon-Smith）试图在悉尼的繁忙街道上采访每一个挑逗她的男人。为了说服她遭遇的其中一名男性，让他相信女性实际上并不喜欢陌生人不友好的性评论，她引用了一项民意调查，该调查显示：67% 的女性

---

* "喊回去！"在 2010 年成为非营利组织，旨在通过干预培训、摄影博客和基层倡议，提高人们对性骚扰的认识，结束一切形式的性骚扰。现已更名为"Right to Be"。"停止街头骚扰"是一个致力于记录和终结全球范围内街头性骚扰的非营利组织，在 2012 年成为独立机构。——译注

认为与街头骚扰者互动会招致暴力伤害；遭遇街头骚扰后，85%的人会感到愤怒，78%的人会感到厌烦，80%的人会感到不知所措，72%的人会感到恶心。2017年，我自己做了一项小调查，让我在社交媒体上的朋友们用一个词来形容街头骚扰带给她们的感受："渺小""被贬低""被物化"是最常见的回答。"喊回去！"组织的调查显示，在美国只有3%的女性认为街头言语性骚扰是一种称赞。

3%这个数字非常有趣，尤其是考虑到大多数被指控性骚扰的男性都说他们只是为了表达欣赏赞美。"我没那个意思""我是在夸你啊""我们只是普通人，就是想跟你打个招呼而已"，这些是语言学家从街头骚扰者那里收集到的一些回答。撇开统计数据不谈，这些强词夺理的说辞最大的逻辑漏洞是，对从身边经过的陌生人吹流氓哨，主动评价他们的穿着或行为举止，对大众一般不会关注的特殊身体部位发表性评论，这一系列行为完全不符合专家们观察到的任何一种称赞行为的标准。——2008年的一项研究通过观察分析这类行为得出了最中肯的结论，即男性对女性的称赞大多与外表无关，而是为了在向女性提出可能有损面子的要求或批评时缓和语气，而且总是发生在彼此认识的人之间，例如："凯特，你知道你是我的最爱，但你能不能明天尽量准时出现？"2009年，语言学家内莎·沃尔夫森（Nessa Wolfson）和琼·马内斯（Joan Manes）在一篇名为《称赞作为一种社交策略》（"The compliment as a social strategy"）的论文中表示，无论其直接功能是什么，"称赞都有一种潜在的社交功能，可以创造或加强称赞者和被称赞者之间的团结"。如果有一个不熟悉人类社会互动模式的外星人，我们要用一种善意的方式与其建立联系，我想我们都会同意"微笑"是个不错的办法，而"让我拍拍你的美臀"绝对不合适。

2017 年，喜剧演员彼得·怀特（Peter White）对街头骚扰者的荒唐辩解进行了精辟的纠正："我认为男人应该遵守这条黄金法则：如果你是一个男人，不要在街上对一个女人说任何你不想在监狱里听到其他男人对你说的话。"

客观地说，在街上被陌生人随意评价身体的确非常奇怪，这与其他任何人与人之间的互动方式都不同，真的会让人一时间不知道该如何回应。在我的整个青少年时期，街头骚扰总是让我很苦恼，所以每当这种情况发生时，我都只是低下头不予理会。但

我 20 岁出头时上了一两门性别和语言课程，之后我内心的革命反抗精神就被激发出来了，然后我决定试着正面回击街头骚扰。因为我听说很多男人这样做就是为了看女人惊慌失措时的快速反应，朝他们微笑或者竖中指对他们来说都意味着骚扰成功，所以我想给那些街头流氓一些出乎他们意料的东西。

有一次在联合广场公园，两个反戴鸭舌帽的男孩朝我喊叫，要"让我乐呵乐呵"。"我知道你们为什么这么做，"我回应道，"你们只是想向同伴证明自己是钢铁直男。我在学校专门研究你们这种人。想要我，没门儿。"我不确信自己是否能成功劝诫某个我遭遇的男人永远不再用言语骚扰陌生人，但我确实唬住了其中一些，让他们尴尬得无地自容，那些时刻对我来说都是小小的胜利。我记得有个人听我说完后扭头就跑，虽然我确信这是因为他被惹恼了而不是感到了挫败，但我的回击确实奏效了。

我在社交媒体上让朋友们告诉我，她们个人最喜欢的应对街头骚扰的方法，结果得到了一堆回应，其中有用外语大喊来吓唬他们，做鬼脸来迷惑他们，紧盯着他们看让他们感到被凝视的不舒服。我还问过德博拉·卡梅伦，面对街头骚扰她是怎么做的。"我偶尔会说'滚远点'，"她告诉我，"但像大多数女性一样，我也十分警惕，尽量避免跟他们发生冲突，因为的确可能会有危险。"*

---

* 这是真的，和我交谈过的大多数人都同意，无视这些言语骚扰——不遂这群流氓的心意——可能是最明智的举动。"我最好的办法一直是假装自己被周围发生的其他事情吸引，完全没有听到骚扰或者根本没注意到那个骚扰我的人，"一位来自佐治亚州亚特兰大的 24 岁女孩在 Instagram 上告诉我，"我有一种感觉，我这样做会让他们觉得自己微不足道，这也是我被骚扰时的感受……所以，哈！你也尝尝我的感受吧！"

不幸的是，卡梅伦认为在街头流氓身上花任何时间，比如试图与他们讲道理或改变他们的行为，都是在浪费自己的时间。"他们才不会听，尤其是当他们有一群人的时候，"她说，"假设你对一个街头流氓说：'你能给我解释一下你刚刚为什么这么说吗？'并且不断质疑他的每一个答案，看着他挣扎着为自己的行为辩解，这样做可能的确挺好玩的。但我真的不认为大部分街头流氓能有耐心接受这种'访谈'。"

　　而且就算他们愿意跟你交流，结果也往往不尽如人意。戈登-史密斯在那期《美国生活》节目中说，在街头骚扰她的人有几十个，但是她只成功说服其中的一个停下来和她进行真正的交谈。作为一名前演讲辩论赛选手，戈登-史密斯给了这个家伙各种合理的论据——统计数据、深刻犀利的提问、充满情感的个人逸事——让他反思自己的行为。但最终他还是无法被说服。在和这个男人——戈登-史密斯说他挺友好的，"不是个坏人"——相处了120分钟后，戈登-史密斯唯一做到的就是让他保证不再在街上对女性进行肢体侵犯（他很喜欢拍女人的屁股）。这个男人觉得没有必要停止进行性评论，但他也想不出一个有说服力的理由。他说："夸人嘛，我要是觉得没啥不妥……我就还是会说啊。"然后戈登-史密斯争论说，他这样还是把自己的快乐建立在了女性的痛苦之上，根本不在意女性的感受。那个人说："好吧，可这个世界就是这么自私。"

　　"我能告诉你为什么我觉得这一切真的很令人沮丧吗？"在节目最后，戈登-史密斯这样说，"在街头采访的这几天，我一直相信人们是想要变得更好的，相信所谓街头骚扰的出发点一定是好的，相信男人真的只是想找乐子和夸赞别人。但是现在我的信念崩塌了，因为当我告诉人们街头骚扰让我们多么愤怒、多么难过，当我告诉人们性暴力的统计数据时，男人们的反应并不是'我觉得这些很重要，我不应该再这么做了'，而是'这跟我有什么关系'。"

很遗憾，戈登-史密斯是对的。仅凭告诉一个街头流氓，或其他任何实施言语性骚扰的人他的话很伤人，根本不足以让他改邪归正。但这并不是一个人的品行问题，如果事情真有这么简单就好了。不，这是一个群体性的大问题：我们社会文化中的男人相信他们可以拥有什么、支配什么。

街头骚扰，男同事叫女同事"甜心"，以及一个男人用他永远不会用在男人身上的方式触摸陌生女人——比如在拥挤的酒吧里，一个男人从一个女人身边经过时把手放在她的臀部——这些恶劣行为令人不快的原因都是一样的。任何形式的性骚扰和性侵犯都潜在地依赖于一个假设，即男人对女人的身体有自主控制权。性骚扰和性侵犯是社会控制的一种表现，是向女人发出"女人是男人世界的入侵者"的信号，因此女人无权享有隐私。

当一个男人触摸一个陌生女人，或者对她说一些露骨的话，就是在暗示他天生拥有支配受害者身体和性的权利，这样就把女人变成了一件玩物，使人们不再关注她所具备的更有价值、更优秀的身份和品质。学者贝丝·A.奎因（Beth A. Quinn）曾指出，根据对性侵犯事件的研究，关注女性的性特征可能会"抹杀对她的能力、理性、可信赖性，乃至人性的认可"。换句话说，一个女人可以是一家公司的首席执行官，智商180，或者一个在法庭上论辩的检察官，但一旦男性被告律师称她为"亲爱的"*，以上一切就全被剥夺否定了。——形成对比的是，当一个男人炫耀自己的异性恋性取向——比如进行街头言语性骚扰——时会让他显得更值得尊重。正如奎因所说："性权力是不对称的，我这么说的原因部分在于，同样被认为'性感'时，女人和男人要面对的后果是不同的。"

顺便说一下，这种过度亲密的言语骚扰并不只发生在女性身上。我们的社会文化有一个令人担忧的习惯，那就是总以一种自负傲慢的亲密态度对待各类边缘群体，比如有色人种、酷儿群体、社会经济地位较低的人等。2017年，对一段随身摄像机影像记录的研究显示，与白人司机相比，警察对黑人司机使用"我的伙计"等态度随便的称呼的可能性要高出61%。这种互动不是感情好的表现，也不代表听者身上有什么应该被夸赞的地方。它本质上只是一个信号，表明说话者认为对方的地位比自己低，而且下意识地觉得宇宙给自己颁发了什么资格证，允许他们如此居高临下地怠慢听者。

为什么很多男人觉得他们有权利评论女性的身体，有权利在会议上无视女性发言，或者以她们来例假、歇斯底里发作为借口任意打发女性？这些问题有一个共同的答案：因为他们缺乏共情。对性骚扰者的研究表明，当一个女人反击一个男人的性骚扰（对于男人来说，她不应该这样做，她只是他的性对象而已），而

---

* 值得庆幸的是，2016年美国律师协会禁止在法庭上使用这类性别歧视用语。在加拿大，律师们被要求用中性用语称呼对方，比如"我博学的朋友"。我认为这是一个非常好的解决方案。

这个男人奇迹般地跟她讨论起来的时候，他大概率会为自己找各种借口辩解开脱。他会说你误会了，说他并没有恶意，他是一个"好人"，不应该被抱怨，也不应该因为说几句机灵的俏皮话就名誉扫地。

他说这些话的时候只是在装傻罢了。因为研究表明，当性骚扰者被要求与他们的骚扰目标互换位置时，他们能够很快地意识到自己做错了。他们并不是行为欠考虑，然后被别人误会了意图，而是对自己造成的伤害漠不关心。他们缺乏共情。这一切背后的深层问题，与我们的社会文化如何教导男人"是个男人"有很大关系。

我们的社会设立的男性气质的既定标准是非常极端且不恰当的：人们要求男人要强壮有力量，只能是异性恋，而且要不惜一切代价与女性气质划清界限。为了展现男性气质、保护自己的男人身份，男人很快就学会了一条生存法则：在任何情况下，必须用自己的观点压制女人的观点，必须无视女人的痛苦。正如贝丝·A.奎因在2002年所写的那样："男人无法与女人共情，因为男性气质的束缚使他们无法站在女性的立场上，而男人在与女人相处时的道德立场也因为缺乏共情而降低了。"这种对所有女性化事物的共情缺失无疑也反噬了男性，因为男性气质的标准不允许男性表现出任何可能"像女人"的情感、身体或语言特征。于是他们总是把自己锁在一个叫作"异性恋本位的男性化行为"的僵化盒子里，害怕自己因被认为女性化而陷入男性特权被剥夺的危险境地。

我认为共情缺失也是造成打断女性发言、不回应女性、男性说教、称女性"歇斯底里",以及目前已知的许多其他用语言凸显男性权力的行为频频出现的原因。因为正如我们所知,男性气质会阻碍男性与女性团结在一起,所以当一个男人无视或用暴力压制女性的声音时,他就是在按照社会标准行事,而且做得很好,充分履行了他性别角色的职责。而这种性别角色所造成的伤害,就变得不足挂齿。

女性主义者戴尔·斯彭德(Dale Spender)曾说过,当女性或酷儿的经历无法被讲述时,人们就会以为这两类人群根本不存在。在我们有"性别歧视""性骚扰""恐同"这样的标签之前——这些词在 20 世纪六七十年代才出现——人们只会指责受害者,说是他们自己的行为出了问题:女人过度敏感、神经质(或者说是她"自找的"),同性恋者都面目可憎、令人恶心。但即使我们命名和承认他们的经历,我们仍然经常把解决问题的责任推到受害者身上。我们教导女性,如果你在工作、感情,或者只是从地铁站走到公寓的过程中,感到自己的声音被压制,那么你就有责任,而且只是你自己的责任,找到让自己被倾听的办法。比如在 2017 年,伊丽莎白·沃伦(Elizabeth Warren)在参议院的发言被米奇·麦康奈尔(Mitch McConnell)制止,但她无所畏惧地继续发言。或者在社交媒体上发声、建立自己的组织、走上街头,告诉那些性侵犯者"不可以!"。

我想花点时间从语言学的角度简单批评一下这种错误做法,就是在谈论性同意时,我们教女人说"不",同时教男人倾听女人的拒绝。对现实生活中拒绝案例的分析表明,讲英语的人往往会遵循一套明确的模式,以社会可接受的方式拒绝事物,这其中并不包含大声说"不"。相反，这套模式通常是：表现犹豫＋使用模糊限制语＋表达遗憾＋给出一个文化上能被接受的理由。比如"嗯，好吧，我很想去，但我得完成这项作业"，或者"哦，对不起，我得回家喂猫了"。作为听者，我们需要做的就是推断别人话里的意思，不管对方是委婉含蓄还是直截了当。——想象一下，如果一个朋友邀请你出去喝咖啡，而你却直愣愣地说"不！"，那该有多奇怪！更不用说在有人实施性侵犯的情况下，如此强硬地拒绝可能会导致更危险的情况发生。教导人们"不就是不"的问题在于，它实质上免除了性侵犯者应该依照常识倾听并领会说话者意愿的责任，于是他们就可以说："可是她并没有直接说'不'啊。我又不会读心术。"然后我们的社会文化会说："有道理。还是她的错。"另外，正如我们已经了解到的，就算受害者直白地说"不"，性侵犯者也不会听的。他们当然知道自己的行为是错误的，他们只是根本就不在乎，因为我们的社会文化告诉他们男人不必在乎女人的感受。

当然，鼓励边缘群体大声而明确地自我主张是重要且必不可少的。但在实际操作中，这只能解决一半问题。另一半没有解决的问题是，我们所处的社会文化原本就给女性和酷儿为自己挺身而出设置了重重阻碍。

明尼苏达州古斯塔夫阿道夫学院的性别和哲学学者佩格·奥康纳（Peg O'Connor）这样解释道："我们的性格和处境都与伊丽莎白·沃伦有所不同。太多女性如果敢强硬拒绝性骚扰或是大胆指控性侵犯，就会遭到解雇。在她们的私人关系中，女性也常常害怕说出真相可能面临的后果。"对于因反对性伤害而受到惩罚的恐惧是全方位的，并最终从内到外控制了女性的行动，使女性自己选择了沉默。"这绝不是在指责受害者，"奥康纳解释道，"而是在确认被支配或被压迫的人是如何'自我监管'或变得'温顺'的。"

更重要的是，由于几个世纪以来社会文化一直灌输着女性脆弱、过度情绪化、不适合掌权的信息，许多女性便内化了一种信念，即认为女性没有话语权是很自然的。她们无意识地认为沉默是女性身份的一部分，太张扬、太果决意味着会失去女性身份，而女性身份是她们的存在不可或缺的珍贵组成部分。

在一个完美的世界里，人们根本不需要考虑如果在街上被陌生人骚扰，或者自己穿牛仔裤时被陌生人评价臀部，自己应该准备什么样的狰狞面孔或巧妙的话语进行回击。在这样的世界里，性和调情将是人们在双方同样渴望并一致同意的情况下所做的事情，强调同意或者拒绝将变得不再必要，因为每个参与者都将提前花时间运用共情来了解对方的想法。"hysterical"这个词会和"old maid/spinster"一道被葬入遗忘的坟墓。每个人，无论性别，无论在什么时候有什么重要的事情要说，麦克风都在那里，触手可及。

要创造这个完美世界，一开始不是要教女性如何保护自己不受伤害，而是要教育男性——从他们小时候开始教育，越早越好——世界并不只属于他们。当男人还是个小男孩的时候，作为他们的父母和老师，我们必须打破社会文化中无处不在的男性气质传统观念。我们必须接受并真正鼓励男性在看到其他男性试图从语言或其他方面攻击贬抑女性时，同情女性、站在女性一边、站出来维护她们。就像德博拉·卡梅伦曾经说过的那样："把自己作为人的原则置于兄弟之间的忠诚之上。"要让他们知道，把世界上任何不是男人的人当成入侵者是错误的。

2015 年，谢丽尔·桑德伯格[*]向《纽约时报》讲述了一个叫格伦·马扎拉（Glen Mazzara）的人的故事，他制作了一部热播电视剧《盾牌》（*The Shield*）。马扎拉在该剧的推介会上注意到，该剧的两位女性编剧从来不发言，于是他把她们拉到一边，鼓励她们不要那么害羞。两位编剧直言这不是"害羞"的问题。马扎拉也很快发现，几乎每当这两位女性编剧之一想推介什么，她就会被打断，不得不住口，或者她的想法会在说完之前就被一个男人窃取并因此获得功劳。马扎拉是个大忙人，他本可以忽略这两位女性，也可以告诉她们要练习如何才能更好地坚持自己的主张；但相反，他试着通过改变推介会现场的互动模式来帮助她们，让她们的声音真正被听到：他设立了一条"不可打断"规则，这样任何人都不被允许在任何性别的人把话说完之前打断他们。事实证明，新策略奏效了，两位女性编剧的想法得到了倾听，整个团队的工作效率和创造力都提高了。

手握权力的男性应该把以此方式伸出援手视为自己的责任，因为他们最终也能从多元化的声音中获得好处。从美国历史上最有权势的男人之一那里得到一点启示吧：在 2014 年的一场新闻发布会结束时，美国总统巴拉克·奥巴马请八名记者提问——全

---

[*] Sheryl Kara Sandberg，美国 IT 领域的精英企业家，脸书首席运营官和第一位女性董事会成员。——译注

都是女性。这一行为立即登上了国际新闻的头条。"如果一位政治家只给男性提问的机会，那就不会是新闻，那是普通日常，"谢丽尔·桑德伯格评论道，"我们想知道，如果我们在会议上都像奥巴马那样，尽可能为女性提供发言机会，会发生什么。"

这并不是说，男人在着手解决整个问题的时候，女人都去坐嘉年华大邮轮，从阴道形状的鸭嘴杯里咝咝地喝着椰林飘香鸡尾酒，什么都不用操心，坐等母系革命胜利就行了。尽管这听上去十分令人振奋，但现实地说，我们也必须在这一过程中自己站出来抗争。当受到委屈和被误解时要大声疾呼，要相信彼此，要主动申请有权势的职位，要多聘用女性。罗宾·拉科夫在1992年写道："假如我们自己顺从地不发出声音，那么人们就不会感到恐惧或羞愧，从而会失去任何做出改变的动力。"

取得话语权、得到人们的倾听和尊重这一过程着实不易，但这并不意味着它令人沮丧。毕竟语言非常有趣，而且除了不允许在电影院大喊"着火了"之外，很少有法律会管控我们可以说什么。对那些喜欢用并非人人觉得"合适"的方式说话的人来说，这尤其是个好消息。而在我看来，采用某些人认为"不合适"的说话方式和词汇，是你在语言方面可以做的最女性主义的事情。

你准备好享用美味的"不合适"的语言了吗？如果美国电影协会要对下个章节进行评级（我很高兴他们没有这么做，幸好书不需要像电影那样接受评级），那下一章必然会因为脏话被评为 R 级（限制级）。

第七章　去他 × 的

为女性说脏话唱赞歌

> 吹口哨的水手，司晨的牝鸡，骂脏话的女人，应该一起下地狱。
>
> ——美国谚语

理查德·斯蒂芬斯博士（Dr. Richard Stephens）和他的研究团队已经彻底证明了我是对的。2017 年，他们在《人格与个体差异》（*Personality and Individual Differences*）杂志上发表了一篇关于人格类型和日常习惯之间的关系的论文。对 1000 名参与者进行调查研究之后，斯蒂芬斯博士及其团队找出了不同人类特质与行为之间的各种关联，比如喜欢黄色笑话的人一般比较外向，喜欢在淋浴时唱歌的人更随和。但其中我认为最棒的研究结果是：一群人中智商最高的人比其他人更容易讲脏话。

这其中的关联似乎是个人性的。和大多数美国孩子一样，在我成长的过程中，高中老师和朋友们的严厉爸爸宣扬的说法，即说脏话的频率高意味着你易怒、粗鲁、不淑女、词汇量有限，一直伴随着我。我当然希望别人都觉得我既聪明又优雅，但我对这番言论始终心存怀疑。无可否认，我是我认识的人当中嘴最臭的。在我九岁的时候，一个女生在课间休息时问我敢不敢对食堂阿姨说"shit"——我说了，也没惹上麻烦——从那以后我就迷上了说这个"脏词"。对我来说，斯蒂芬斯的发现是个绝好的消息。我还把它分享到脸书上，私心希望我十二年级的英语老师会点击查看。

英语中的大多数脏话可分为三个主要的语义类别，它们反映出了我们社会文化特有的焦虑和迷恋。这些类别包括：性，比如"fuck""dick""cunt"；粪便及排泄器官，比如"shit"、"crap"（粪便）、"asshole"（屁眼）；宗教，比如"damn"（诅咒，该死）、"holy shit"（"圣屎"，我靠）、"Christ on a cracker"（"饼干上的基督"，我嘞个去）*。在我的整个青年时代，我都清楚知道一个小女孩说这些词是不合适的、不礼貌的，但令人沮丧的是，这样说话很可爱。不管别人怎么想，反正这世界上没有什么能压制我对说脏话的热情。我记得自己小时候偷听过父母正在看的R级电影，也在超市听到过大人一把接住掉下来的酸黄瓜罐头时大叫"Shit!"，然后自己偷偷地练习这些话。说那些开头有爆发、结尾有强拍的

---

* 宗教主题的脏话里，我最喜欢的例子来自加拿大的法语区。他们最狠的咒骂源自天主教的传统器具，其中有"tabarnak"，意思是"圣体盒"（译按："tabarnak"相当于英语的"fuck"，用在句中加强语气、表达愤怒），和"j'men câlice"，意思是"我不给圣杯"（译按："j'men câlice"相当于英语的"I don't give a fuck"，即"我不在乎"）。

词,比如"bitch""fuck""dick"这些词,就像是在嘴里开派对——"fuck"这个词就同时用到了嘴唇、舌头和牙齿。这是语言健美操,而且是"成年人的语言"——孩子的禁区。没有什么比这更吸引人的了。

多年以后,我在大学里学到了语音象征(phonosymbolism)的概念,即一些语音本身就具有意义并能表情达意,比如"chop"(剁,砍,劈)和"slap"(拍击)这两个词的读音本身就很刺耳,"slither"(滑行,滑动)读起来给人一种湿软黏糊的感觉,而"velvet"(天鹅绒)会让人感到柔和舒适。脏话里总有噼里啪啦的爆破音,让我觉得特别有趣,它们在语法上的"万能"也让我十分着迷。例如,"fuck"这个词不仅单独说时很有趣,而且还是英语中可塑性最强的单词之一,它几乎可以自然地适配任何语法形式来表达说话者的情感。你可以把它用作名词——"You crazy fuck!"(你丫就一疯子!),用作动词——"This traffic is totally fucking me"(堵车堵死了),用作副词——"I fucking nailed that!"(我可太牛了!),形容词——"This situation is totally fucked up"(完蛋了),或者用作感叹词——"Fuuuuuuuck"(我靠)。如果你像我一样习惯说"fuck",你也可以把它当作"um"或"well"这种话语标记语或填充词来用,比如:"Fuck, so, you want to get some pizza later?"(嗯,那你待会儿想吃比萨吗?)

我的想法与老师和家长通常劝导的相悖,我倒倾向于认为,能流利说脏话的英语使用者通常也能更具创造性地运用这门语言。音系学入门课上我最喜欢的关于脏话的一个事实是:脏话是唯一可以用作中缀的英语单词类型。中缀是插入单词中间的语法意义单位，类似于出现在单词开头的前缀，如"unusual"（不寻常）中的"un"，或出现在单词末尾的后缀，如"grateful"（感激）中的"ful"。很多语言会频繁使用中缀，但英语中只有两个中缀："fucking"和"damn"。举个例子："I'll guaran-damn-tee you that you're gonna love Cali-fucking-fornia."（我敢他 × 的保证，你肯定会爱上他 × 的加州。）

狂飙脏话可能是每个语言书呆子的梦想，然而脏话的争议性真的太大了。在我看来，我们文化对脏话的忌讳和恐惧——电视节目里的脏话消音"哔"声，母亲用肥皂给孩子洗嘴的影像画面——总体上似乎有点……带有清教徒式的保守色彩。太夸张了。毕竟，脏话和语言侮辱是有很大区别的。这两者虽然有重叠之处，但正如我们在第一章中提到过的，你既可以骂人不带脏字，比如改用"nasty""wimp""pansy"，也可以说脏话而不以侮辱别人为目的。

语言学研究表明，现代人说脏话实际上很少带有敌意或冒犯；相反，脏话成了一种极其复杂、丰富多彩的语言类别，几乎可以用于表达一切情感——幽默、震惊、悲伤、团结。在一些语境下，有的脏话可能会被认为是礼貌的。大多数时候，脏话能促进社会和谐，比如你可能会对别人这样说："That is a fucking brilliant idea"（我靠，这主意真赞），或者"These cupcakes are the shit"（这些纸杯蛋糕好吃到爆）。语言学家说，仅有的几种不礼貌的情况是你故意使用脏话威胁别人——比如"Don't fucking talk to me like that"（别他 × 的用那种口气跟我说话），"Back off, bitch"（滚开，婊子），或者当众表达强烈的情绪，或者在某种情况下误解了社交规则。但总的来说，在 21 世纪，人们对脏话的日常使用大多都被认为是无伤大雅的。正如蒂莫西·杰伊（Timothy Jay）和克里斯廷·扬施维茨（Kristin Janschewitz）两位研究人员在 2008 年所写的那样："研究收录了数千个脏话使用案例，其中没有任何案例导致任何形式的身体攻击。"

然而在历史上，人们对脏话的态度——尤其是当女性说脏话时——并非一向如此正面。由于脏话在很大程度上被认为具有毋庸置疑的攻击性，所以说脏话的女性就会被视为破坏了女性气质的传统规则，也就是要求女性甜美、恭敬，并经常照顾他人感受。当然，违背这种期待会招致批评。就拿我来说，我曾多次被告知我"说脏话的方式像个男人"，但我不确定这到底是夸我还是批评我。

说脏话代表着男性气质，这种观点可谓历史悠久。虽然语言禁忌可能很早就存在了，但"脏话"直到中世纪才真正诞生，当时的宫廷礼仪传统创造并定义了"文雅"的概念，并由此产生了"干净"言语的新标准。这套"优雅"标准不但强化了言语禁忌，同时也把女性置于"圣坛"之上，也就是说，女性不可以说脏话、男性不可以当着女性的面爆粗口成了人们的共识。

"女人的双唇和耳朵娇嫩无比，不能被脏话玷污"这种文化糟粕，其实连莎士比亚也曾讽刺嘲笑过。在《亨利四世》中，霍茨波因妻子潘西夫人发誓时用下等人的口头禅而取笑她。他说："来，凯特，我也要听你唱歌。"潘西夫人回应说："我不会唱，真的不唬你。"霍茨波说："什么'我不会唱，真的不唬你'！亲爱的！你发起誓来怎么像个糖果师傅的老婆！……凯特，像个优雅贵妇那样向我发誓吧，发个漂漂亮亮的誓。"

让霍茨波恳求潘西夫人不要像一个下等糖果师傅的老婆，而是要像一个贵族淑女那样发誓，莎士比亚由此证明了人们不仅把脏话与性别联系在一起，还与社会阶级联系在一起。人们的普遍观点是，穷人说脏话的次数比富人多，而且骂脏话的方式与富人不同。几个世纪后，讲英语的人仍然持有这种预设观点。1997年的一项关于性别和脏话的研究显示，听者认为满嘴脏话的女人不仅社会经济地位较低，而且道德水平也较低。言下之意是，喜欢说脏话的女人比不喜欢说脏话的女人更有可能乱扔垃圾或欺骗配偶。然而研究参与者对骂脏话的男人并未做出如此评判。

甚至有一些语言学家相信，脏话有着本质上的"男女"之别，而不遵守这些区别规则的人违背了他们的自然本性。我们的老朋友奥托·叶斯柏森在1922年写道，女人"对脏话有一种本能的畏缩，她们骨子里偏爱精致优美的、（在某些方面）含蓄而间接的表达方式"。罗宾·拉科夫在《语言与女性地位》一书中也给出了类似的看法，她指出，因为长期以来女性被社会规训说话要更有礼貌，所以她们更有可能说"good grief"（天哪）和"oh, shucks"（哦，哪里）之类的话，而男性则会说"goddamnit"和"holy shit"。在拉科夫看来，女性弱化了的脏话不那么有力，能传递的情绪也更少，因此更"淑女"——这种不脏的脏话反映了她们在社会中的弱势地位和抱怨者的角色。她说："女人不使用下流或不雅的表达方式。"

这些关于女性和脏话的错误看法初看似乎无关紧要，但它们会在现实生活中产生严重的影响。1991年，一项关于煤矿井下性骚扰的研究表明，女矿工职业发展的最大障碍之一，是她们的男同事以她们过于敏感而不敢骂人为由，将她们排挤出社交圈。矛盾的是，研究还发现，如果这些女性开始说脏话，她们也并不能获得与男同事相同的地位；因为说脏话实际上通过反差并置（juxtaposition），强化了她们的女性气质。换言之，当女矿工们采用了充满"男性气质"的说话方式，她们的女性气质被反衬得更加显眼，类似于霹雳娇娃（Charlie's Angels）留着长发、穿着紧身衣，却手拿九毫米手枪的效果。你有没有碰到过这种情况，一个男人认为会开枪、会抽雪茄的女人很性感？一样的道理。研究发现，男矿工实际上把女矿工说脏话的行为解读为一种"邀请"，同时说脏话的女性受到的性骚扰明显多于不说脏话的女性。不过，那些选择完全不说脏话的女性的情况也没有好到哪里去，她们被排除在对话和参与之外，最终被排除在了权力之外。正如一名女矿工告诉研究人员的那样："肮脏的语言就像男人和女人之间的一条无形的界线。"女矿工们最终发现自己处于进退维谷的境地——说脏话，或者不说脏话，她们都是输家。

在日常生活中，脏话使用上的性别差异并不像在矿井环境中那么极端。语言学家发现，决定大多数人如何说脏话的最大因素是语境和环境，而不是性别。孩子们学到的关于脏话的第一课，就是发现他们在课间休息时可以随意爆粗口，但在数学课上就不行。叶斯柏森、拉科夫和其他许多现代倾听者没有意识到的是，女人和男人一样享受限制级语言的乐趣，女人的性别本质并不会导致她选择说"fiddlesticks"（胡扯）而不是"fuck"。对现代脏话的研究一致表明，每个人说脏话时都一样激烈有力。唯一的差异是女性使用这些词的动机略有不同，而这种不同是有意义的。

"为什么人们会说脏话"，这是爱尔兰阿尔斯特大学的社会心理学者凯伦·斯特普莱顿（Karyn Stapleton）的一个研究课题。2003 年，斯特普莱顿在爱尔兰的一个城镇进行了一项关于男性和女性说脏话习惯的调查，共采访了 30 名男性和 30 名女性。在她所研究的人群中，说脏话是一种常见的日常行为——大多数人说出的脏话并不被认为淫秽下流，而且男女说脏话的频次是等同的。

但是，男性和女性说脏话的动机是不同的。斯特普莱顿让她的每个研究对象坐下来，让他们自我报告他们说脏话的缘由。她收集了他们的回答并按主题进行分类，然后把它们放在一个图表中，图表见下页。

以下是我觉得最有趣的几点：首先，在斯特普莱顿调查的男性研究对象中，大约有一半报告说他们说脏话是出于习惯，或者出于"男人理应说脏话"的期待。相反，很少有女性这样报告，女性研究对象将说脏话描述为她们个性的一部分（如果有人问我为什么说脏话，我也会这么说）。她们的理由与男性认为说脏话"是正常的，是符合期待的"的观点截然不同，这个结果既微妙又重要，因为这表明女性意识到她们说脏话可能会被视为一种独特的，也许有些反常的怪癖，不会像男性说脏话那样被认为是自然而然、符合期待的。因此，对女性来说，说脏话在构建某种特定类型的身份方面起着一定的作用。

女性研究对象给出的说脏话的另一个主要原因是为了表现亲密和信任，但没有任何一个男性研究对象提到这一点。女人们

男性和女性自我报告的说脏话原因

（该死的，我脏话太多了吗？）（见鬼，才不是！）

原因	女性报告数据	男性报告数据	总数	示例
幽默/讲故事	15	13	28	"你想把故事讲好，想逗人笑。"
表示强调	13	11	24	"有脏话能更好地传达信息。"
愤怒/释放紧张情绪	10	10	20	"当你暴怒时，说脏话能帮助友发泄怒气。"
出于习惯	4	14	18	"习惯了，我都意识不到自己说脏话。"
大家都这样/被期待如此	2	16	18	"现在所有人都说脏话，你不说才显得奇怪。"
传达亲近感/信任感	12	0	12	"说脏话说明你们彼此的关系很亲近。"
性格恐惧/脆弱	6	5	11	"像是一种防御，可以掩饰真实的感受。"
性格使然	6	0	6	"我就是这样的，大家都知道。"
恫吓对方	2	1	3	"我觉得，如果对方完全不说脏话，说脏话就能很镇住对方。"

知道，在很多情况下，她们会因为说脏话而惹上麻烦，或者至少会被别人侧目。斯特普莱顿说，女性"受到的环境限制比男性更大"。女性需要在某一特殊人群中，而且通常是在私人空间里，才能不受评判地自由说脏话，也就是说她们需要一定程度的信任才能卸下她们的语言过滤器。在某些情况下，说脏话可能是女性朋友之间团结友爱的一种行为，而在男性之间通常不是如此。

斯特普莱顿还问她的研究对象，为什么他们会刻意避免使用某些脏话，特别是那些比较"淫秽"的词，参与者一致认为有关阴道的词，比如"cunt"、"fanny"（女性阴部或臀部）*，是淫秽的。女性给出的前三个理由是：她们认为这些词含有性别歧视；它们给人负面印象；这类词让她们感到不舒服。男性给出的最主要原因是：他们发现这类词在某些人面前说出来非常欠妥；这类词含有性别歧视；说这类词会让自己显得是在性别歧视。最后一个原因特别有趣，因为研究中没有任何一个女性给出了这样的回答。与男性"不让自己显得是在性别歧视"这一动机相对的是，由于性别歧视本身而避免使用这类词的女性研究对象的数量是男性研究对象的两倍。

在很大程度上，女性避免使用带有性别歧视的脏话是女性团结和相互支持的另一个象征。正如斯特普莱顿所分析的那样："女性在话语上的团结在这里十分明显。相比男性，女性说出性别歧视性脏话会令其他女性更加不齿。"根据这项研究来看，女

---

* 大洋彼岸的美国人以为"fanny"是指代女人臀部的"纯洁词"，而它实际上是用来指代女人阴部的"半下流词"。

性不想背叛自己的群体，因此不会随意使用"cunt"这类词，也会对其他这样做的女性感到失望。正如一位名叫凯莉的26岁参与者所说："女人一旦使用某些脏话就很可能被认为是'辜负了女性群体'。"这似乎表明她们并没有真正思考过这些词的本义。女性不期望男人更了解她们，也不期望男人明白他们所说的话可能造成的伤害，但她们切实期待其他女人能做到这些。

斯特普莱顿的研究得出了一个合理的结论：女性很少无缘无故地说脏话。她们说出种种脏话并不是因为她们"被社会期待"这样做，也不是为了下流而下流。女性说脏话仅仅是为了逗人发笑，为了给自己打气鼓劲儿，为了与人亲近，也是为了让自己成为独立的个人。对于女性来说，选择接受哪些脏话，拒绝哪些脏话，是女性气质讨论中需要持续协商的一个问题。正如斯特普莱顿所写的那样："除了挑战针对女性气质的社会规范外，'脏话'的使用还可能构建并实现'做女人'的新模式和新类型。"

劳蕾尔·A.萨顿在20世纪90年代对女性与朋友如何使用"bitch"和"ho"的观察表明，女性说脏话不是对男性说脏话的简单模仿。恰恰相反，女性是在模仿她们欣赏的其他女性，那些挑战了温良有礼的"淑女"刻板形象的女性，比如崔娜和蕾哈娜，以及她们身边的飒姐们。说脏话是女性弄清自己是哪种女人的一种方式，是用她们自己的方式来定义女性气质。

脏话的确很有趣也很有用，然而我们不能忽视，英语中现有的脏话并不完美。尽管我个人很喜欢说脏话，并认为这是我之所以是"我"的一部分，尽管我很喜欢刻薄地跟别人说"fuck you"、"suck my dick"（肏你丫的），但我不禁注意到，我们词典中大多数最有力的脏话都不是为了我这个女性说话者而发明的。像"fuck you""suck my dick"这样的短语属于英语中数量最多的一类脏话——与性相关的脏话——的一部分，显而易见，这类脏话只能代表一个性别的视角。

我们语言中许多情绪强烈的短语——比如"pussy"和"motherfucker"——都是从顺性别男性的视角描绘了一幅女人、男人和性的画面。这类词把性行为描绘成向内插入式的，把阴茎描绘成暴力而强壮的，把阴道描绘成软弱而被动的。"pussy"这个词并不能体现女性阴部的复杂性，也并没有描绘出对那些真正有阴部的人来说最重要的部分（阴蒂、G点），而是把女性阴部描绘成一个模糊的、像小猫一样软弱、被动等着阴茎捅进去的地方。与此同时，像"fuck you in the ass"（肏你的屁股）或"suck it, bitch"（吸我的屌吧，婊子）这样的短语，都暗示着勃起的阴茎，给人的印象是只有涉及男性性器官时，语言才有力量。想让"eat my pussy"（给我口）或"drown in my G-spot"（用我的G点淹死你）这些短语达到与上述阴茎表达相同的效果，却是难上加难。一个人当然可以出于幽默或强调的目的、不附带性含义地说"suck my dick"，但说"eat my pussy"就不行了——这证明出自常规男性视角的脏话，与出自常规女性视角的脏话之间存在语义上的不平衡。

1999年，在一篇关于女性使用脏话的文章中，活动家埃丽卡·弗里克（Erika Fricke）说，我们所熟知的脏话反映出了文化中关于性别、身体和性的刻板成见。她写道："无论这刻板印象是'女人不喜欢性所以男人总要利用花言巧语骗诱她们'，还是'女人容易深陷其中无法自拔，而性对男人却毫无意义'，抑或是'女人拥有体内生殖器官和怀孕的能力，这使她们更内省、更擅长养育后代，而男人则傲慢莽撞、更专注于个人成就'……脏话都能成为这些性别分化矛盾问题的缩影。"从根本上来讲，现今的大多数脏话完全不能准确反映任何"没有勃起能力的非男性"人群的身体、性实践或性幻想。因此，脏话本质上主要是服务于男性的。

如果想使用更女性主义的脏话词汇，我们的确有几个选择，但其中最扫兴的可能就是将脏话限定在屎尿这一类。"shit"、"pisses"（尿）、"assholes"和其他身体功能的隐喻都是完全性别中立的。不过，在我看来，跟性有关的脏话真的有趣得多。

纵观历史，有不少女性试图借用我们现有的脏话来展现她们自己的性和性观念。在20世纪90年代，麦当娜会在舞台上大喊脏话，并模仿手淫，这让女性主义者和十几岁的男孩都很钦佩。"'fuck'不是一个坏词！"在1990年的"金发野心"巡回演唱会上，她在数千名粉丝面前大声说道。"'fuck'是个好词！有'fuck'才有了我，有'fuck'才有你们！……所以忘了它的贬义吧，好吗（o-fucking-kay）？！"然而，弗里克指出，对女性来说，性带来的权力可能是一把双刃剑。你没办法向一个14岁的男孩解释清楚麦当娜的性表达是女性主义的行为（至少当时不行）；对那个男孩来说，麦当娜的言行只会让他觉得性感。作为一名女性，大胆地表达你的性当然不是问题；但令人沮丧的是，这与男人说"suck my dick"时表达出来的似乎不是同一类型的权力。

所以我最喜欢的策略是，那些觉得现有脏话没有考虑到他们的身体特征，也不能为他们的身体赋予力量的人，可以发明一套全新的脏话系统。比如，"clit"（阴蒂）这个词就具备了可爱脏话的所有特征——它像"dick"和"fuck"一样是单音节的，而且有爆破音。只要不说"suck my dick"，而是喊出"suck my clit"（吸我的阴蒂），那么女性（或任何有阴蒂的人）就能以一种发音上令人愉悦的方式翻转性别视角。正如弗里克所指出的那样："'clit'听上去是那种会主动采取行动的身体部位，骂人时再加上丰富多彩的措辞和正确的语调，那么羞辱威力可能会非常强。"[*]如果你想显得气场强大又诙谐幽默也可以这么做。或许从现在开始，我们都应该改口说"holy clit"。

如果你想让事情变得有趣，你也可以把女性视角和男性视角的隐喻混合使用，想出一些很酷的科学怪人式的复合脏话，比如"clitfuck"（阴蒂＋肏），或者"dicksnatch"（屌＋女阴），这游戏我可以一连玩好几个小时。

我并不是在呼吁所有人都要在一夜之间重写脏话规则。每个人与脏话的关系都是不同而复杂的，不论是觉得"cunt"和"motherfucker"太冒犯，还是想远离暗示暴力或恐同的脏话，例如"fuck you in the ass"，都可以让人理解。同样，我们也应该允许这样的想法存在并受到认可，即女性并不一定非要使用直

---

* 我说脏话更多是出于高兴而不是愤怒，但如果你想在说女性主义脏话时走咄咄逼人的路线，弗里克建议女性把男性器官"受害者化"："比如说'shove a catheter up it'（给你老二套个管儿吧）。"她说，要想让这个策略奏效，就要把阴茎叫作"penis"，或者其他听起来同样柔软无力、没有"dick"和"cock"里那样强烈的塞辅音的词。

白的与性相关的脏话。在一些人看来，女性用脏话来塑造自己的个性或凸显自己女性气质的行为，似乎是不妥的；但是也有一些女性认为骂脏话有被赋权的感觉。对主流脏话的改造和对性别相关脏话的使用的研究，并不是在呼吁大家全面废除我们现有的脏话词汇，而是在引领我们有意识地思考，当限制级脏话从我们嘴中脱口而出的时候，我们希望向世界传达的信息究竟是什么。你可以把故意说脏话当成一个趣味挑战，来进一步证实理查德·斯蒂芬斯博士的观点：最聪明的英语使用者也是最粗鲁的，尤其是那些像女性主义者一样说脏话的人。

反正我有 97% 到 99% 的可能会把"holy clit"这个短语纳入我的词汇表。如果这是通向进步的一步，我很高兴带着伴我一生的臭嘴献出一份力。

第八章 "咯咯大笑"的克林顿和"性感"的斯嘉乔 *

女性公众人物的挣扎

2015 年一个异常温暖的秋日，面向千禧一代男性的博客网站 BroBible——BroBible 的内容恰如其名：兄弟情谊、教条主义——发表了一篇文章，列出了好莱坞十大最性感的女星声音。文章标题保证说，这些女星"就像你耳中的蜜糖"。这则简短的帖子介绍了 YouTube 上的一个电影女明星榜单视频，视频中排得越靠后的明星，其声音越能"让男人为之疯狂"。"听这些女士讲话一整天都听不厌，"BroBible 的作者写道，"从凯瑟琳·泽塔-琼斯（Catherine Zeta-Jones），到佩内洛普·克鲁兹（Penélope Cruz），再到永远可爱迷人的埃玛·斯通（Emma Stone），当我们听这些女人说话时，她们的声音会搅动起一些特别的东西。"

视频的旁白说，能勾起 BroBible 用户兴奋感的女人声音包

---

* ScarJo，粉丝给美国影星斯嘉丽·约翰逊（Scarlett Johansson）起的外号。斯嘉丽本人对此十分厌恶，因为她觉得这个外号像个流行歌手的名字，听起来又俗又懒又轻浮。——译注

含以下特点：有外国口音（尤其是英国口音）、低声细语的节奏，略带沙哑。入选视频的女演员的声音都很柔和、慵懒，还有点沙哑，仿佛得了喉炎，又都像是刚刚结束了长时间的呻吟，累得筋疲力尽，只能在床边轻声低语，无法再大声说话。

我也认为嗓音沙哑的女人特别迷人，但我想知道这是为什么。许多盲测的结果一致表明，音高较高的女性更受青睐——音高高是年轻和身材矮小的标志，更适合生育繁殖。然而，最近的研究发现，在浪漫的社交互动中——我觉得人们会称之为调情？——女性会主动降低音高。2014 年宾夕法尼亚州的一系列实验显示，总体而言，讲英语的人会把低沉沙哑的声音与引诱联系在一起。——有趣的是，他们还发现只有女性有能力给声音加上"性感"特效，而当男性这么做时，听众认为他们听起来很蠢。研究人员无法准确地指出为什么我们都得出了"声音沙哑的女人很性感"的结论。我个人认为，这是因为沙哑的嗓音听起来像那种你早上在某个人身边一觉醒来时（可能还做了其他事情）带着的声音。这是亲密的标志。人们一听到这种声音就会想象你在床上的样子。

我戴着耳机，和我最好的朋友一起坐在沙发上，听了查理兹·塞隆（Charlize Theron）、莎朗·斯通（Sharon Stone）和埃玛·斯通的声音片段。视频结束后我侧身问朋友，她认为哪位好莱坞女演员的声音最性感，她说："斯嘉丽·约翰逊。"事实上，约翰逊在 2013 年的电影《她》（Her）中为只有声音的角色萨曼莎献上了她"耳朵蜜糖中最甜美的"的沙哑嗓音，她在 BroBible 的榜单上赢得了第一名的位置。

斯嘉乔的声音被评为好莱坞最性感的声音不到一年后，现代历史上最不性感的女声的主人也被选了出来：希拉里·克林顿。（BroBible 这次没有参与评选，毕竟政治并不是他们的专长。）这项评选结果于 2016 年 7 月 28 日正式公布，也就是希拉里宣布自己成为美国历史上首位女性总统候选人的同一晚。她宣称："带着谦卑、决心和对美国前途的无限信心，我接受你们提名我为美国总统候选人。"

我认为克林顿声音中的热忱与场合的严肃性是相符的，但在一些喋喋不休的男性专家看来，她获得了一个"殊荣"——美国最不性感的女人声音。希拉里演讲后的许多推文和评论描述的不是演讲内容，而是演讲方式，批评她的声音"尖锐""聒噪""没有吸引力"。记者史蒂夫·克莱蒙斯（Steve Clemons）指导克林顿如何"调整"她的语气。MSNBC 新闻频道的主持人乔·斯卡伯勒（Joe Scarborough）建议她"微笑"。特朗普称她的演讲是"平庸无奇的尖叫"。

到 2016 年底，关于希拉里·克林顿的声音不讨人喜欢的说法多如牛毛，以至于这个话题已经像凯莉·詹纳（Kylie Jenner）的嘴唇和詹妮弗·洛佩兹（JLo）的臀部一样，成了广泛传播的一个哏。而斯嘉丽·约翰逊声音的风靡则完全是由于相反的原因。这两位女性的声音实际上代表了公众眼中女性所面临的一个真实难题：希望掌握权力的女性被期望保持一种不稳定的平衡，既要像传统上温柔的照顾者那样保持愉快和礼貌，也要像有能力的领导者那样态度强硬、具有权威，同时尽最大努力让每个人相信她们既不是婊子（希拉里·克林顿），也不是性对象（斯嘉丽·约翰逊）。"这两个方向完全是矛盾冲突的，女性倾向于任何一个方向都可能遭受负面评价，"牛津大学的语言学家德博拉·卡梅伦如是评论，"保持二者平衡像走钢丝一样难。"

传统女性气质在历史上一直局限于私人领域，而自信的领导力则属于公共事业，二者之间的微妙张力被社会科学家称为"双重束缚"。

大多数追求事业成就的女性最终都会陷入这双重束缚的其中一端。克林顿可能是忍受这种语言批评的现代公众人物中最知名的，但她绝对不是第一个。也有其他女性摆脱了传统的女性声音特征，她们被视为强硬的领导人，但又被贴上了冷酷和专横的标签，其中包括伊丽莎白一世（童贞女王），玛格丽特·撒切尔（铁娘子），最高法院大法官索尼娅·索托马约尔，英国首相特蕾莎·梅（在推特上被叫作"邪恶的女巫女王"），以及政治家珍妮特·纳波利塔诺（Janet Napolitano）——记者安德鲁·纳波利塔诺（Andrew Napolitano，没有亲戚关系）戏称她为"邪恶表妹珍妮特"。没有人质疑过这些女性的力量，但她们的力量是以牺牲"喜爱"为代价的。

而在双重束缚的另一端，当一位女性掌权者不想以"男性化"的方式行事，或者有意凸显自己的女性气质时，她就会被认为脆弱无能。但同时，又因为她保持了大部分符合女性规范的特征，她看起来就不会过于可怕。随着她强硬程度的降低，她的受欢迎程度便会提高。

无论女性用何种方式表达自我，古往今来世界各地的文化都有一个共同的传统，那就是告诉女性政治家、新闻主播、商业领袖，以及其他敢于在公共场合讲话的女性，她们应该闭上嘴巴别出声。在 20 世纪初，一项对广播节目听众的调查显示，101名受访者中有 100 人更喜欢男主持人的声音，而不是女主持人的声音，他们哀叹女主持人的声音"刺耳"（像 90 年后的克林顿一样），她们的声音表现出的个性"多得过分"。《时代》杂志 2016年的一篇报道发现，在古希腊，直言不讳的女性会被说成是"妓女、疯子、巫婆和雌雄同体者"。在中世纪，有一个专门的英语单词来形容敢于在公共场合讲话的女性：她们被叫作"scolds"，即无法把"消极"和"叛逆"言辞藏在心里的女人。

2016 年，语言学家尼克·苏布齐雷卢（Nic Subtirelu）对现代媒体使用"shrill"、"shriek"、"screech"（尖锐刺耳）等词来描述公众人物声音的行为进行了实证研究，发现评论员使用这类词语描述女性的可能性是描述男性的 2.17 到 3.14 倍。以上这些词，再加上"bossy"、"grating"（刺耳的）、"caterwauling"（猫叫春似的）和"abrasive"（尖厉的）等，可能本来是针对说话的音量或音色的，但语言学家知道，这类批评的含义远不只如此。对女强人声音的偏见实际上与声音本身的质地无关，而是与我们对性别和权威的总体印象有关。"由于历史和社会原因，'无标记'或默认的权威声音是男性的声音，"卡梅伦说，"批评女性政治家的声音本质上是在强化仍然盛行的偏见，即女性没有领导权威。"

不可否认，我发现就连我自己也是这样，每当听到低沉的男性声音时，我的反应会更积极，还会多一分崇敬。——这也是我收听罗曼·马尔斯（Roman Mars）的建筑类播客《不可见的 99%》（*99% Invisible*）的一部分原因，他的声音十分浑厚。更别提摩根·弗里曼（Morgan Freeman）的标志性声音风格了。研究人员已经确定，我们倾向于将男性的声音与权威联系在一起的原因之一是我们会将低音与权威联系在一起。

音高是一种独特的嗓音音质，因为音高与音量、音调以及一个人的母语不同，它可能是一个人的言语中唯一由生理因素决定——或至少受其影响——的东西。平均而言，男性的声带往往比女性的长几毫米。语言学家发现，低沉的声音会使人联想到更大的体形*（你可以比较一下德国牧羊犬和吉娃娃的叫声），还会让人联想到控制力和才能（想想新闻主播沃尔特·克朗凯特†）。2012年，有一项研究用数字技术处理了男性和女性说同一句话"我强烈请求你在今年11月给我投票"的声音，并将原声和处理后的声音播放给研究参与者，结果发现听众更喜欢声音低沉的版本——这证明不论说话人是谁，我们都更有可能盲目听从低频声音的敦促。正因如此，男人，以及任何人，当他们希望显得更有权威时，通常都会降低自己的音高，有时是有意为之，有时是下意识的。

相比之下，高音是体形小（比如吉娃娃）、不成熟（像孩子的声音）和过度情绪化（出于欢乐、兴奋、恐惧的尖叫）的关键

---

* 研究表明，个子高的人通常有更大更低的呼吸道和肺部，而更多的空间会产生更低沉的声音。不过，大块头的声音也并不总是低沉的。你有没有分析过英国足球运动员大卫·贝克汉姆的演讲？他非常有男人味，但是他的声音十分纤细，令人惊讶。

† Walter Cronkite，美国记者、CBS明星主播，冷战时期美国最富盛名的电视新闻节目主持人，被誉为"最值得信赖的美国人"。——译注

标志。就像卡梅伦所说："说一个女人的声音'刺耳'也是在暗示'她无法控制自己'。"

这就是为什么英国第一位女首相玛格丽特·撒切尔专门上了声音课，学习如何在公共场合演讲时降低音高。她希望这能让她像 2012 年那些经过数字处理后的女声录音那样赢得尊重。但并不是每个人都喜欢撒切尔训练后的结果。然而撒切尔的高音就像克林顿的"刺耳声"一样，并不是真正的主要问题：她是一位掌权的女性，这才是核心问题所在。

对女性声音的批评也不会因为说话者听起来更符合传统女性气质而停止。1995 年《纽约时报》的一篇报道讲述了日本一家百货公司的一群电梯操作员，为了听起来"更可爱"、更"女孩化"、更"礼貌"——这是她们工作的一部分——接受了提高音高的培训。《纽约时报》这样描述道："欧洲女性不再穿束身衣来调整身材，中国女性也不再为了缠足而弄残自己女儿的双脚。但许多日本女性说话的音高远远高于她们的自然音高，尤其是在正式场合、打电话或与客户打交道的时候。"尽管她们付出了种种努力，但当被问及电梯操作员甜美的假声怎么样时，东京的一名翻译回答说："那些女孩被训练成了机器人。你在电梯女郎身上看到的不是一个人，而是一个玩偶。"

玩偶是人们批评那些在双重束缚中气质更偏向传统规范的女性时惯用的比喻。2016 年，记者本·夏皮罗（Ben Shapiro）写了一篇文章，标题为《是的，希拉里·克林顿的声音很刺耳。不，这么说并不是一种性别歧视》，他的理由是，称克林顿的声音刺耳是合乎情理的，因为这就是"事实"，他的辅证为，并不是每一位政界女性都被批评声音刺耳。夏皮罗辩解道："没有人说黛安娜·范斯坦（Dianne Feinstein）参议员声音刺耳，因为她的声音并不尖锐。她可能有一双像玩偶一样毫无生气的眼睛，但她不会像受伤的海鸥那样扯着嗓子尖叫。"毫无生气的玩偶眼睛，啊对对对，可真是一点性别歧视都没有哦。

关于语言双重束缚的最明显的例证，可能是 2008 年希拉里·克林顿，与约翰·麦凯恩（John McCain）的竞选搭档、州长萨拉·佩林（Sarah Palin）同时竞选总统。这两位女性的反差是如此强烈，就好像是性别研究教授为了论证观点而专门虚构出来的。作为 1984 年瓦西拉 * 小姐选美比赛冠军与"亲切小姐"称号的获得者，选美皇后佩林简直是为克林顿量身定制的陪衬者——有几个男性评论员说，克林顿的笑声让"她听起来像西方恶女巫 †"。"克林顿咯咯笑"是她每次笑出声时就会被提到的短语。多年来，特蕾莎·梅、凯莉安妮·康韦和参议员伊丽莎白·沃伦也经常被比作恶女巫。曾有一条耸人听闻的假新闻把沃伦当作主角，称她在大学期间经常参加裸体邪教仪式。

---

*　Wasilla，美国阿拉斯加州南部的一座小城市。——译注

†　Wicked Witch of the West，《绿野仙踪》里的人物。——译注

政治学家埃尔文·T.利姆（Elvin T. Lim）在2009年写道："认为克林顿不讨人喜欢但有能力，佩林讨人喜欢但无能，这可能是有客观原因的，但2008年美国政坛最杰出的两位女性如此完美地占据了双重束缚的两端，这肯定不仅仅是巧合。"

如果你曾经遇到过一位女上司，尤其是刚上任不久、二三十岁的女上司，你很可能亲眼看见过她如何在双重束缚中挣扎。我经常在年轻的女性高层写的邮件里注意到这一点。举个例子：假设一位经理想把一个截止日期很紧的项目分配给她的助理，她可以用直截了当的语气和简单的标点符号——"这个项目必须在明天下午三点之前完成。谢谢。"但是，因为我们对女性应该如何沟通有一定的期望（礼貌、委婉），这样写邮件可能会使她摊上"冷酷婊子"的名声。反过来说，她也可以在邮件中添加一些模糊限制语、感叹号和表情符号——"如果你能在明天下午三点之前完成这个项目的话，那就太！棒！了！非常感谢！！"但这样一来，由于我们对老板应该如何沟通也有一定的期望（坦率、直接），这种邮件可能会让她显得紧张不安、不适合当领导。当然，也有很多男性老板在努力解决如何在工作场所用恰当的语言进行表达的问题，但是，因为我们对男性语言和权威语言的看法更一致，这个问题对他们来说通常不那么棘手。

我们对女强人的矛盾态度源自多个方面，显然不是一个简单解释就能概括的。但德博拉·卡梅伦认为，我们之所以抗拒处于权威地位的女性，以及双重束缚之所以存在，一定程度上与我们对自己母亲的矛盾情感有关。"在历史上，女性权威的主要模型是各式各样的母亲，"她解释说，"对于母亲这种权力形式，大多数人或多或少都会有矛盾纠结的情感，因为我们都曾是无能为力、只能依赖母亲的孩子，但是在长大成人的过程中，一个重要的部分就是反叛母亲的权威。"

我们用来形容"霸道"女性的负面语言——"shrew"（泼妇）、"bitch"、"witch"（巫婆）、"cunt"——听上去与母亲不让我们优先用车，或逼我们做作业时我们可能使用过——或至少想过使用——的词没有太大区别。当成年人用这些词来形容女性政治家时，他们是在暗示女性在家庭之外维护自己的权威是多么疯狂和错误，就像"pussywhipped"和"henpecked"（妻管严）这样的词暗示着男性允许女性这样对待自己是多么疯狂和错误一样。

我并不是说只有女强人的声音才会受到批评，男性一样会遭到抨击。过去几年，语言学家和评论家花了大量精力来分析特朗普的演讲。2016 年 *Slate* 杂志上一篇题为《特朗普的胡言乱语之塔》（"Trump's Tower of Babble"*）的文章进行了一项分析，得出的结论是，我们第 45 任总统的"松散句子和令人费解、过分简单的词汇"使他的演讲水平低于六年级阅读水平——比他对手的讲话风格低了四个阅读水平。另有一项研究发现，特朗普使用的词汇中有 78% 是单音节词，他最常用的词按照使用频率排列依次为："I"（我）、"Trump"（特朗普）、"very"（非常）、"China"（中国）和"money"（钱）。

上述报道当然不是恭维。不过话说回来，那些因为笑声就把克林顿比作女巫的人也不是在进行实证研究。更不用说，除了

---

* 特朗普的大楼叫作"Trump Tower"，该文章标题用了双关。——译注

特朗普之外，还有无数掌权的男性——他们古怪的演讲风格非常值得留意，比如伯尼·桑德斯（Bernie Sanders）、比尔·马赫（Bill Maher）、乔恩·斯图尔特（Jon Stewart）、约翰·奥利弗（John Oliver）——大多逃过了针对女性公众人物的吹毛求疵的审视。当人们关注他们时，往往是对他们"充满激情"的演讲表示赞扬。

为什么克林顿和撒切尔的声音令人反感，而斯嘉丽·约翰逊的声音却那么性感呢？其根本原因在于被关注的对象本身。很简单，这是因为女性公众人物比男性公众人物更容易在身材、时尚度、性感度方面受到评判。宣扬克林顿声音"刺耳"和批评她"脚踝粗壮"——这曾是媒体最喜欢对她使用的另一个挖苦，然后她永久地换上了长裤套装——是出于同样的动机（谁能想到一段两英寸长的小腿肉会有这么大的新闻价值呢？）。我想请你试着找找看，有没有哪一个男性政治家的脚踝在谷歌上有 20500 个搜索结果。我已经试过了，于是我的一个周三下午就这么浪费了。

无论你分析多少份剪报，你也找不到任何一家媒体在描述男性权威人物的演讲时使用性隐喻，然而与此同时，你会发现对女强人进行性类比的大量例子。卡梅伦分析了 2016 年英国大选时的媒体评论，惊讶地发现女性政治家，甚至包括女性辩论主持人，经常被比喻为几个典型的女悍妇形象，比如不苟言笑的女校校长，或者《飞越疯人院》（*One Flew Over the Cuckoo's Nest*）中恶毒的护士。卡梅伦说，这些人物形象的共同点是，她们都"上了年纪，通常都样貌丑陋，要么性冷淡要么性饥渴，她们永不满足的欲望让男人感到恐惧"。

与上述形象相反的是 BroBible 榜单上声音犹如天鹅绒的女

性：斯嘉丽·约翰逊、查理兹·塞隆、佩内洛普·克鲁兹。她们的声音轻柔温软，从不聒噪；音高略低，从不刺耳；经常夹杂着撩拨人心的咬舌发音和带外国口音的长元音。而且，最重要的是，她们属于那类不想成为总统，也不想成为首席执行官，而只是为了娱乐我们而存在的女人。如果这些女性要竞选公职，我敢保证，她们会因为听起来不够权威而受到抨击。作为证明，我们可以看看威尔士政治家利安娜·伍德（Leanne Wood），她拥有柔和流畅的音色，推特上的苏格兰专家"愤怒苏格兰"（@AngryScotland）将其形容为"声音巧克力"。卡梅伦回忆说，她的声音"无休止地受到媒体居高临下的评论"。斯嘉丽、查理兹和佩内洛普的声音肯定也不适合出现在白宫，不过至少她们永远不会——但愿如此——给人一种"不想上她"的感觉。

对位于双重束缚两端的女性进行批评是利用语言物化女性的一种手段。只要女性担任权威职位仍然是一件奇怪的事情，那么她们的衣着、身体、声音以及性别本身都不可避免地会遭受不怀好意的打量评判。她们将被迫在两难的境地中走钢丝，小心翼翼地避免落入标有"可爱的花瓶"或者"粗鲁的泼妇"的盒子里。

我向德博拉·卡梅伦请教过，有抱负的女性要如何应对这种双重束缚，如何将公众的注意力从女性的声音是否刺耳或性感，转移到她实际说的话上。她很清楚哪种做法是徒劳的："在我看来（可悲而讽刺的是），那些经常思考这个问题并努力尝试解决的女性（想想克林顿，当特朗普在竞选活动中激怒她时，她强迫自己微笑，不生气，试图以此淡化'她太有攻击性'这种看法）往往比那些不怎么关心形象管理的女性（米歇尔·奥巴马、苏格兰的妮古拉·斯特金*、安格拉·默克尔）受到的评价更负面。"

对于当代精通互联网的观众来说，表现真实是非常重要的。社交媒体和全天候的新闻报道已经使普通新闻受众觉得，一个人能让他们产生共鸣比其实际能力更重要。21世纪第二个十年末期，我在一家数字媒体公司工作时，经常听到高层用"真实性胜于内容"来形容痴迷推特和YouTube的观众已然变化的趣味。如果玛格丽特·撒切尔现在带着她那深沉而训练有素的嗓音竞选公职，推特用户们无疑会大肆嘲笑她的虚伪。正如卡梅伦所言："一旦你开始听那些政治顾问和生活导师的话，试图给人留下这样那样的印象，你同时也会让人觉得'虚伪不实'。"所以，既然那些所谓的权威人士、喷子和心怀不满的员工总会找到一种方式攻击你，那你不如就做回你自己。

在2008年竞选期间，希拉里·克林顿的民调支持率急剧下降，大多数人早早就放弃了对她的希望，而她在新罕布什尔州的一次公开哭泣让她上了头条。那时她正在回答一位摇摆选民的问题：尤其是身为一个女人，是什么促使你每天在外奔波、抛头露面？起初，克林顿对这个问题一笑置之，但说着说着，她的语气就变了："这对我个人非常重要。这不仅仅关乎政治。我知道发生了什么。我们必须扭转这一局面。"她说这些话时，眼睛湿润了，声音沙哑了，"有些人以为不论谁上位谁下台，选举不过是一场游戏。不，选举关乎我们的国家，关乎我们孩子的未来，关乎我们所有人。"

---

* Nicola Sturgeon，曾任苏格兰首席部长和苏格兰民族党党魁。——译注

公众可以看出来，她的情绪流露是真实的（另一位尚未拿定主意的选民评论道："我想看到真实的希拉里。她这个样子就是真实的。"），在事件发生后的几周内，克林顿的支持率有所回升。显而易见，这次落泪不足以帮助她赢得新罕布什尔州的初选，一些评论员认为她的眼泪太少，也来得太迟了。可令人左右为难的困境就在于，促使希拉里走上竞选之路的是她的强硬和情绪上的韧性，而也正是这些品质使她被污蔑成一个冷酷无情的悍妇。

有些成功女性似乎比克林顿更顺利地驾驭了语言上的双重束缚。根据我在社交媒体粉丝中进行的一项小型民意调查，参议员卡玛拉·哈里斯（Kamala Harris）、奥普拉·温弗瑞、电视播音员黛安娜·索耶（Diane Sawyer）和罗宾·罗伯茨（Robin Roberts），以及谢丽尔·桑德伯格，她们与米歇尔·奥巴马和安格拉·默克尔一样，都非常出色地做到了两方面的平衡。

即使每个掌权的女性都能把自己的声音调整到完美的程度，成功让人觉得她们的声音像温弗瑞们一样平衡且有价值，也仍然不能解决所有问题。毕竟我们的社会对女性领导人声音的偏见是结构性、系统性的，而不是个人性的。真正的解决办法必须得是长期有效的。

谢丽尔·桑德伯格在 2015 年为《纽约时报》撰写的一篇专栏文章中表示，"从长远来看，要解决女性说话的双重束缚"很简单：我们需要挑选更多女性来当老板。正如我们已经了解到的，让女性加入工作环境并不会自动为她们赢得更多尊重，有时甚至会产生相反的效果，因为这会吓到男性同事，迫使他们表现得更加强势。然而，当女性占据绝大多数（或全部）高层职位时，情况就不一样了。得克萨斯大学教授伊桑·伯里斯（Ethan Burris）研究了某个信用合作社的员工，其中女性主管占到74%。"果然，"桑德伯格写道，"女性主管的发言比男性更有可能被倾听。"研究还表明，总体而言，女性领导的公司表现更好。桑德伯格说："由女性领导的初创企业更有可能成功。高层管理者中有更多女性的创新型公司利润更高；性别多元化程度更高的公司，其收入、客户、市场份额和利润都更高。"

最终结果显示，女性领导男性的情况越是常态化——性别天平越是平衡——那么就越不会有女性声音听起来"刺耳"或"粗鲁"的情况发生，因为我们不会再认为女性天然就应该顺从。那么"某特定性别的声音应该如何、权威的声音应该如何"这种怪异错位也将不复存在。正如社会语言学家邦妮·麦克尔希尼（Bonnie McElhinny）所写的那样："我们越是允许男性和女性进入对方的领域，允许他们表现出通常被定义为'男性化'或'女性化'的言行，我们就越不会把刻板印象视为理所当然，并将重新定义对性别的理解。"

当我们雇用女性来管理世界时，我建议也雇用同性恋者。因为如果对女性说话方式的疯狂误解导致我们无法过上最好的生活，那么你就更不想去了解，我们错过了酷儿语言世界里多少精彩绝伦的东西。

实际上，你是想了解的，真的很想……

第九章　让这本书多一点彩虹

然后格洛丽亚咯咯笑着说："要有火花。"就有了火花。

——钦定版《圣经》的 Polari 语译本

戴维·索普（David Thorpe）为自己发 s 音的方式感到尴尬。他发 o 和 a 以及其他大多数元音时也会尴尬。他觉得他的发音方式听起来特别像同性恋。索普本人是一名自豪的同性恋者，同时也是一名记者。像大多数被某个尖锐问题困扰的记者一样，他忍不住开始调查"男同性恋声音"之所以存在的神秘原因，以及为什么他的情况如此极端，于是他在 2014 年制作了纪录片《我听起来像男同性恋吗》（*Do I sound Gay?*）。在电影的开场，索普在纽约街头向一些陌生人伸出麦克风，并提出了电影标题中的问题："你好，很抱歉打扰你，我是戴维·索普，我有一个问题……我听起来像男同性恋吗？"

索普希望他的提问对象会说他听起来不像男同性恋者，但大多数人都说他的确像，证据是"男同性恋咬舌发音"（gay lisp）、鼻音和唱歌似的语调。索普不是唯一一个希望自己说话听起来不像男同性恋的同性恋者。"你觉得你说话听起来像男同性恋吗？"他问一个戴着黄色耳钉的人，地点似乎是曼哈顿切尔西街区的一个角落。"我希望我听起来不像。"那人说。

《我听起来像男同性恋吗？》发布一年后，一段名为《你听起来像女同性恋吗？》的视频被上传到 YouTube 上。同样，主持人——这次是一位名叫泰勒的 20 多岁的女性——邀请洛杉矶的路人听六名年轻女性重复相同的、符合女同刻板印象的短语[*]："我最喜欢的商店是家得宝"和"我出门一定带 ChapStick 润唇膏"。（当然，她们是用讽刺的口吻说的。）然后，她让路人根据说话者的声音猜测，这六个人中哪一个是女同性恋者。这些路人对自己的答案远不如戴维·索普的受访者那样自信。大多数受访的路人无法确定其中哪位女性说话像女同性恋者，或者干脆拒绝参与。即使听者给出一个猜测，也不能提供类似鼻音或 s 咬舌发音这种具体的证据。一个男路人说是因为他从其中一名女子的声音中感觉到一点"愤怒"。另外三个人的猜测基于他们感觉到说话者表达时"大胆"、"有掌控感"或"坚定自信"。"啊，在你看来，坚定自信意味着同性恋？"泰勒向一个穿着衬衫的人确认。那人澄清道："因为这不常见。""所以你的意思是，自信在女性身上是不常见的。"泰勒确认了他的回答。那家伙紧张地朝她眨了眨眼。

事实上，泰勒访谈中的六名女性全都是女同性恋者，她最后向猜测者们透露了这一点，让他们摆脱了尴尬的痛苦。"这我哪

---

[*] 根据视频，实际上是五名。作者可能是笔误。——译注

猜得出来。"一个棕色鬈发的年轻人承认。"我没想到她是,没想到她也是,还有她,"一位戴着圆顶礼帽的年长者分别指着排在后面的几位女性说,"所以像我们这样的男人根本猜不出来咯?"

泰勒和戴维·索普的访谈调查之间的主要区别在于,女同性恋说话者并没有因为她们的言语不能反映自己的性取向而感到宽慰。一位女性说:"我们喜欢彰显自己的酷儿身份。"另一位表示赞同:"有人认为我们听起来像女同性恋者并不会冒犯到我们。我们并不会为此感到沮丧。"·

客观来说,通过声音来判断一个人性取向的想法是十分荒谬的,毕竟我们又不用声带来交配。所以泰勒的《你听起来像女同性恋吗?》视频中没有任何路人能通过测试也可以理解。但是令人好奇的是,当戴维·索普向受访者提到"男同性恋声音"的时候,所有人都知道——或者至少自认为知道——他具体指的是什么特征。

我们已经讨论过多次,人类语言的几乎每一个方面——具体到我们所使用的语言,有时甚至是我们说话的音高——都是后天培养的产物,不是天生的。没有谁从娘胎里就带有语调像唱歌的遗传倾向,而且语言学家发现,同性恋和 s 咬舌发音之间完全没有关联。有些语言里甚至根本没有 s 辅音。然而,许多讲英语的人都认为世界上存在一种特征单一的、可识别的"男同性恋声音",却分辨不出相对应的"女同性恋声音"。

我第一次意识到"男同性恋声音"是在六年级,当时我最好的朋友,我戏剧班上的一个男孩,由于他的 s 发音而遭受了一整个下午的霸凌,然后哭了起来。"他们说我发 s 音咬舌了,"他告诉我，"他们说我是同性恋。"

　　就我个人而言，当时我听不出我朋友发的 s 音有什么不同——听起来绝对不是咬舌发音——但现在回想起来，我明白了折磨他的人是什么意思。事实证明，戴维·索普、他的街头受访者以及其他许多讲英语的人似乎都能识别的"男同性恋声音"，确实是一个系统性的现象。语音学家已经描述出了构成这种"男同性恋声音"的发音变异：其中包括更清晰、更长的元音；延长的 s 和 z 音；说话带鼻音；还有 t、p 和 k 的过度发音——指的是在辅音结尾的单词后面加一小口气，比如"cat"（猫）或"thick"（厚的）听起来像"cat-uh"或"thick-uh"*。学者们还注意到，这种所谓的"男同性恋声音"的特点也包括句尾升调，以及轻快的、如音乐般抑扬顿挫的语调。当然还有常见的"男同性恋咬舌发音"，但事实证明根本没有这回事。

　　本着为我的中学朋友正名的精神，我现在想澄清一下关于"男同性恋咬舌发音"的误会：真正的咬舌发音是一种语音上的延迟，通常出现在儿童话语中，这是由于一个人的舌头在嘴里伸得太前，导致"s"的发音听起来更像"th"——比如《脱线家族》（*The Brady Bunch*）里的辛迪："They ttthhhay I talk like a baby!"（他们"嗦"我说话像个婴儿！）但是我们以为"听起来像男同性恋"的 s 音实际上并不是咬舌发音，而是被语言学家归类为咝音（sibilant）s，它是通过将舌尖放在上颚上产生的一种类似口哨的声音。语言科学家保证，绝对没有证据表明男同性恋者更倾向于

---

* "uh"的发音类似"呃"。——译注

咬舌发音，但在过去的几十年里，说话带有咝音 s 的小男孩经常被错误地定性为咬舌发音，并被送往语言治疗中心接受治疗。得克萨斯大学的语言学者罗恩·史密斯（Ron Smyth）解释说："以前人们总是把过于靠前的 th 音和声音太女性化混为一谈。"

男性"听起来太女性化"是解开"男同性恋声音"来源之谜的重要组成部分，同时也是让戴维·索普和我的中学朋友如此悲伤的原因。你可能已经注意到了，这些男同性恋者说话方式的特点与罗宾·拉科夫在 20 世纪 70 年代首次发现的言语特征极其相似：句尾升调、爆破辅音的过度发音，以及抑扬顿挫的语调变化，这些都是针对女性说话方式的刻板印象。

我们已经知道，并不是所有女性说话都有这些特征，也不是只有女性这样说话。同样的逻辑也适用于男同性恋者。就像有很多男性爱用句尾附加问句和气泡音一样，有很多直男说话有鼻音和唱歌似的语调；同样，也有很多男同性恋者"听起来像直男"。

史密斯认为，我们的声音是偏向女性化还是男性化，可能与我们成长环境中的语言有关。在《我听起来像男同性恋吗？》中，索普介绍了他的一个直男朋友，这位朋友在一个以女性为主的环境中长大，现在他的声音听起来就很符合对男同性恋者的刻板印象（他的声音"全是高音，没有低音"*，他笑着解释道。他

---

* 事实上，高音并不是所谓男同性恋声音的典型特征。不论你的声音是像作家戴维·塞达里斯（David Sedaris）那样高（他经常抱怨在电话里被误认为是女人），还是像《天桥骄子》（*Project Runway*）里的提姆·冈恩（Tim Gunn）那样低沉（他的声音低沉浑厚，但他告诉戴维·索普，他第一次在电视上听到自己的声音时"吓坏了"），只要你说话带有鼻音、咝音 s 和句尾升调，你就"听起来像同性恋"。

发的咝音 s 是我所听过最明显的）。与此同时，索普的另一个朋友是真正的同性恋者，他在一个由运动员兄弟组成的家庭中长大，现在说话就跟普通的异性恋、热爱足球的男人一样（声音低沉单调，体育词汇丰富）。

学者们认为，许多男同性恋者可能不自觉地从他们身边的环境中，以及从电视和电影中"学习"到了"男同性恋声音"。从 19 世纪开始，男同性恋角色在美国主流娱乐中便占有一席之地；只是直到 20 世纪 90 年代左右，他们都总是以某种极端刻板印象式的形象出现，比如富有、浮夸的"娘娘腔"或超级聪明的狡猾反派。戴维·索普在《我听起来像男同性恋吗？》里解释说，在他的成长过程中，他所在的社区没有任何可以参照的同性恋人物（至少没有任何一个公开出柜的）*，但他知道男同性恋者说话是什么样子的，因为银幕上有一些男同性恋者的典型形象。这些形象包括鼻音明显的李伯拉斯 † 和杜鲁门·卡波特（Truman Capote），以及狡猾世故的电影反派，如 1944 年电影《罗拉秘史》（*Laura*）中的沃尔多·莱德克（Waldo Lydecker）和 1950 年电影《彗星美人》（*All About Eve*）中的艾迪生·德威特（Addison

---

* 你可能听来自小城镇的人或者老一辈说过，在他们长大的地方，"没有人听起来像同性恋"。明尼苏达大学的语言学家本杰明·芒森（Benjamin Munson）对此有一个非常合理的解释，那就是在一个相对保守的地方或时期，同性恋可能属于严格的禁忌，因此不论说话者用了多少咝音 s，听者甚至都不允许自己的头脑中出现"同性恋"这个念头。另一个可能的解释是，在不那么现代化、不那么开放的地区完全没有形成同性恋文化，人们根本不可能了解所谓的"男同性恋声音"是什么样子的。因此，"男同性恋声音"没人学过，没人用过，更没有人听到过。

† Władziu Valentino Liberace，美国钢琴家、歌手、演员，20 世纪 50 至 70 年代收入最高的艺人，其生活浮华无度。——译注

DeWitt），他们都是衣着打扮时髦完美、刻薄毒舌的花花公子形象。

莱德克和德威特这样的角色形象助长了一种刻板印象，即受过教育、外形精致的人就是同性恋者，而同性恋者就是邪恶的人。这种观念影响深远，以至于许多迪士尼电影中的反派都被描绘成装腔作势的同性恋者：想想胡克船长和贾方，他们戴着华丽的帽子，举手投足都是贵族的姿态，更不用说深海女巫乌苏拉了，众所周知，她的形象设计受到了著名变装皇后迪万（Divine）的启发。*就连迪士尼动画里的反派动物角色，比如谢利·可汗、刀疤 †，以及《妙妙探》（*The Great Mouse Detective*）里的瑞根教授，都被描绘成扭捏作态的同性恋者形象，被赋予同样含糊的英国口音、夸张的辞藻和对愚蠢工人阶级的蔑视（"我周围都是白痴"是刀疤的著名台词之一）。

在这些角色的推波助澜下，一种腔调柔软、言辞博学华丽的语言风格成了男同性恋群体的象征，也是男同性恋群体成员可以相互学习和传授的东西。这可以算作一种方言，只要情况需要，人们就可以随意使用。这样的现象被称为"语码转换"（code switching），撇开性取向不谈，实际上几乎所有讲英语的人都会这么做。我们大多数人会说不止一种英语方言，这些方言可能是

---

* 胡克船长，《小飞侠》（《彼得·潘》）中的反派。贾方，《阿拉丁》中的大反派国师。乌苏拉，《小美人鱼》中的邪恶女巫反派。变装皇后迪万，原名哈里斯·格伦·米尔斯特德（Harris Glenn Milstead），演员、歌手，通常在电影和戏剧作品中扮演女性角色，并在他的音乐生涯中采用了女性变装形象。——译注

† 谢利·可汗，《森林王子》中的反派角色，是一只强大的孟加拉虎。刀疤，《狮子王》中的反派。——译注

我们从自己的种族社区、我们成长的地理区域或我们迁移到的新地区学到的（想象一个住在洛杉矶的土生土长的得克萨斯人，他在加利福尼亚人周围说标准英语，但一到其他得克萨斯人身边就会变成他们家乡的口音）。有意识或无意识地，我们都会根据谈话的语境来调整自己的语言。这是非常有用的工具，因为它可以帮助我们更好地与谈话对象建立联系。

戴维·索普和他受访者口中的"男同性恋声音"并不能代表整个同性恋群体，而只能体现其中的一小部分——国际化大都市的白人男同性恋者。而且当有必要时，该群体之外的其他人也可以转换使用这种语码。关于这种类型的语码转换如何作用的一个绝佳例子，来自加利福尼亚州南部洛杉矶郊外的小镇上的第一代拉美裔美国同性恋者。根据加州州立理工大学的学者安东尼·C.奥坎波（Anthony C. Ocampo）2012 年的一项研究，这些男人在家里不会用大都市白人的"男同性恋声音"说话，因为这不符合他们家庭中的男性气质标准。作为在美国出生的拉美裔移民的儿子，这些人拥有非常强烈的种族认同，但在性方面相当矛盾，因为附近的洛杉矶白人男同性恋者的柔弱特质在他们的本族社区不被接受，不符合他们的"男子汉"气概，而反过来说，这种"男子汉"气概又在西好莱坞*被污名化了。

当和家人在一起时，这些人会说一种男性化的、听起来更"直"的英语或西班牙语。在其他背景相似的拉美裔男同性恋者

---

* 美国加利福尼亚州洛杉矶县下属的城市，其人口的 40% 左右为 LGBTQ+ 群体，同志社群文化氛围浓厚。——译注

中，他们的语言风格和用词仍然相当有男子汉气概——轻佻的脏话，吹嘘他们的性征服经历（在这个社区，大方承认自己想与其他男人发生性关系会让自己显得"特别爷们儿"，因此比掩饰或否认自己对同性的欲望更受推崇）。直到这些男人置身于洛杉矶白人男同性恋者之中，他们才会切换到更女性化的风格，比如使用咝音 s 和性别颠倒的代词，也就是互相称呼"she"或"girl"。因为他们知道，在西好莱坞的环境中，他们的男性气质不会受到质疑。

如果你是一个经常转换语码的人，那你很可能会忘记你最自然的语言听起来是什么样子的。一位言语病理学家怀疑这可能正是戴维·索普身上发生的情况，他长时间身处纽约市的白人男同性恋群体中，一向像身边的人那样发 s 音和元音，于是当他发现自己几乎不可能改回原来的说话习惯时，他感到非常沮丧。

所以"男同性恋声音"——如果你想这么称呼它的话——确实存在，只是并不是所有来自不同背景和种族的男同性恋者都使用它，那些使用它的人也不一定总是这样说话，而且并不是每个碰巧这样说话的人都是同性恋者。实际上，史密斯的一项研究显示，听者通过声音正确识别男性性取向的准确率只有 60%。认为所有男同性恋者说话都像女人的文化刻板印象，跟认为所有女人都天然地说话声调上扬、喜欢八卦不喜欢讨论想法的刻板印象一样，都不可靠。事情并不那么简单。

但是，我们的文化希望事情就是那么简单——坚信所有的男同性恋者说话都像女人——因为这样更容易把他们归为一类，然后就可以嘲讽他们。因此，刻板印象大行其道。"你觉得为什么男同性恋者有时会因为别的男同性恋者说话像女人而拒绝对方？"戴维·索普问同性恋媒体专家丹·萨维奇（Dan Savage）。"因为厌女症，"萨维奇回答，"他们想向文化证明，他们并非'不是男人'，他们是好人，因为他们不是女人……然后他们会惩罚那些他们认为在任何方面都很女性化的男同性恋者。"

所以从本质上来说，当一个男同性恋者因为说话方式而感到耻辱，都是因为这种说话方式违背了我们对一个男人应该如何说话的期待。然而与此同时，在泰勒的调查访谈中，没有哪个女同性恋者因为听起来太"坚决果断"而被送到言语病理学家那里。

多年来，一直有语言学家试图像识别男同性恋者声音那样辨别女同性恋者声音的特点，但他们没找到多少线索。我说的"没找到多少"其实是"什么都没找到"。1997年，斯坦福大学的音系学家阿诺德·兹维基（Arnold Zwicky）提出，我们能感觉到并不存在某种"女同性恋语言风格"，可能是因为当男同性恋者使用众所周知的"声音"时——不管他们是否意识到这一点——他们是在发出渴望脱离常规的异性恋男性气质的信号。而女同性恋者通常更认同，而非反抗自己所属的性别群体，所以她们不需要刻意将自己与异性恋女性区分开来。在兹维基看来，女同性恋者首先是女性，其次才是女同性恋者，而男同性恋者则相反。

女同性恋者有如此强大的性别团结意识（废话，女人是最棒的），我非常喜欢这个想法。然而，"为什么没有与男同性恋声音相对应的女同性恋声音"首先就不是一个正确的问题。因为这个问题是把男同性恋者的经验作为标准来衡量女同性恋者的经验，而不是把女同性恋者的经验视为独立存在的东西。

任何社会群体的语言都是其历史经历的直接产物。男同性恋者和女同性恋者并没有相似的历史经历，他们的语言特征必然不可能相同。看看这两个群体在媒体中的形象演变就知道了：多么令人震惊，美国电视和电影中从来不曾有过女同性恋者角色，直到最近才出现一些。而她们终于登上银幕时，角色形象却并不是正面的。最早的女同性恋情节出现在 1961 年的电影《双姝怨》（*The Children's Hour*）中，该电影讲述的是一个心怀不满的寄宿女校学生恶意诽谤她的两个女校长在谈恋爱，最终毁掉了二人的个人和职业声誉。这部电影并没有特别评论女同性恋者的言语特点，但它确实把女同性恋者的生活描绘得阴暗、孤独，并且会摧毁事业。

那么，一个更好的问题——也是兹维基似乎要回答的问题——就是为什么男同性恋者采用了属于女性刻板印象的语言特点，而女同性恋者并没有采纳男性的言语风格呢？为什么男同性恋者会反转自己的性别，而女同性恋者却不会？

答案很简单：并非女同性恋者不以男性的方式说话，只是女人说话像男人并不似男人说话像女人那样令人厌恶。"谁想做女人啊？"纽约大学的语言学家路易丝·O.沃什瓦里在电话中开玩笑地问我，"一个男人若想成为女人就是自贬等级。"

这种自贬的感觉再次证明了我们文化中的那个观点，即男性化的语言是中性的、无须标记的默认标准，而女性化语言则代表着异类。从默认的标准风格切换到被专门标记的异类风格，比从异类转为标准更能引起注意，所以当一个男人张开嘴吐露"女性化"特征时，我们就会后退。沃什瓦里说："你可以追求权力，但如果你作为男人却选择像女人一样说话，那你就是在远离权力，这是不被认可的。"接着她用了这个类比，"我扫视了一圈教室里的学生，有多少女学生穿了裤子？大部分。有多少男学生穿了裙子？一个都没有。"

正如一个男人穿裙子比一个女人穿裤子更能彰显态度和观点，一个男人像女人那样说话所传达出的态度和观点也比一个女人像男人一样说话更大胆、显眼。于是，有时候女性可能会故意加大力度：希拉里·克林顿和玛格丽特·撒切尔把声音调整得"生硬刺耳"，那感觉仿佛是一位女性穿着板正的礼服、全素颜地参加一场正式活动。一个女人若想通过扭转性别印象来让别人关注自己，就必须比一个男人付出更多努力、转换得更彻底。

男同性恋者与女同性恋者在语言上的不平等，并不仅限于声音。我们对这两个群体所使用的俚语也有不同的印象。几十年来，语言学者记录了世界各地不同族群中男同性恋者生动的俚语词汇。在菲律宾，许多男同性恋者使用一种叫作"同性恋暗语"（swardspeak）的词汇系统，它结合了富有想象力的文字游戏、流行文化隐喻、飞白（malapropisms，用词错误）*和拟声构词［onomatopoeia，词的声音听起来像其所指的东西，例如"clink"（叮当声）和"swoosh"（嗖嗖声）］。例如，在这套词汇系统中，"Muriah Carrey"（穆利亚·凯里）意思是"便宜"，"Muriah"来源于他加禄语"mura"，意思就是便宜，然后融合了同性恋流

---

* 在语用中故意运用白字（别字）制造特定的修辞效果。具体表现为模仿、记录或援用某些发音近似、同音异形或形近异音的字词，制造错误以达到喜剧效果等目的。——译注

行偶像玛丽亚·凯里(Mariah Carrey)的名字。此外还有"taroosh"，来自他加禄语"taray"，意思是"恶毒刻薄"。给一个词加上后缀"oosh"让它听起来更可爱，是"同性恋暗语"的典型特征。

英语中第一份重要的同性恋者俚语词汇表是由美国民俗学家、色情文学学者格申·莱格曼（Gershon Legman）于 1941 年编撰的。它作为一份两卷本同性恋医学研究出版物的附录出现，从括约肌紧绷的案例研究到女同性恋骨盆区域的 X 光片（科学家与变态之间真是只有一线之隔），该出版物无所不包。这个附录精确地列出了 329 个词条，其中有一些我从未见过。比如"sister in distress"（遇险的姊妹），指的是"遇到麻烦的男同性恋者，通常指他碰到了警察"；"church mouse"（教堂老鼠），即为了找虔诚的年轻男性寻欢而经常出入教堂的男同性恋者。还有其他让人印象深刻的词，比如"fish"（鱼），指的是非常女性化的同性恋男性——"fish"是比喻阴道的词，尽管有点不合适。

莱格曼注意到，这些词大多数都是男性导向的。如他所写，女同性恋者导向的俚语"肉眼可见"地匮乏。莱格曼推测，俚语的这种差异或许是因为女同性恋者根本不存在。按照他的标准，对女人感兴趣只是轻浮富家女的爱好，因为她们要么百无聊赖想找点乐子，是在假装，要么是被生活中的男人严重压抑。莱格曼写道："在美国——或许也在其他地方——女同性恋行为的存在很大程度上可能是人为的。它是知识分子阶层中流行的一种罪恶，是进入剧院的一个很好的途径，最重要的是，它是胆怯的女人和半处女的安全性资源，是遭受父亲虐待而产生心理创伤的女儿们的色情释放口，是那些在性方面笨拙、野蛮或无能的男人的妻子和前妻们在绝望中的退路。"他认为，以上这些原因都导致良好的女同性恋词汇系统无法形成。

这听起来像极了一个性别歧视混蛋的想法，但可能的确有一些真实因素引导了莱格曼得出这番结论。一个因素是，在 20 世纪 60 年代和 70 年代 LGBTQ+ 群体解放运动之前，男同性恋者比女同性恋者更有可能因为性取向而被捕入狱。在 20 世纪的大部分时间里，"同性恋行为"（主要指男男性行为）在大多数英语国家都是非法的。以苏格兰为例，直到 2013 年，禁止男性间肛交的禁令才正式解除。男同性恋者所面临的更高风险，可能增加了他们在公共场合交流时使用暗语的需求。这样做既保护了男同性恋者，也增强了他们内部的团结。

"甚至'gay'这个词也是其中一个例子。"美利坚大学的语言学家威廉·利普（William Leap）这样告诉我，在 20 世纪中期的美国，当时大多数讲主流英语的人仍然把"gay"用作"快乐"的意思。男同性恋者在公共场合问一个人"Do you know any gay places around here?"（你知道附近有什么"快乐"的地方吗？），就能马上知道对方是不是自己人中的一员、值不值得信任。往前追溯几十年，除了以上举例之外还有很多类似的巧妙伪装的暗号。当利普告诉我另一个曾经被男同性恋者用来精准识别他人的流行比喻时，我在使劲憋笑——"I adore seafood, but I can't stand fish"（我喜欢海鲜，但我受不了鱼）。这个比喻可以在 20 世纪 40 年代的文献中找到。

在英语史上，一些遭受最严重迫害的酷儿群体实际上创造出了主流文化中最好的俚语。你可能很熟悉这些词："throwing

shade"表示侮辱、辱骂;"werk"表示赞扬;"slay"表示事情做得漂亮 *。这些都是 21 世纪极受欢迎的俚语中的一部分,它们都起源于黑人和拉丁裔(Latinx)† 舞厅文化。

舞厅文化是许多流行英语俚语的源头,核心是舞厅变装比赛,其全盛时期是在 20 世纪 80 年代的纽约哈莱姆区。在那里,有色人种同性恋者和跨性别者可以穿上漂亮炫目的女性服装,走上 T 台,在亲密的社群中感到被接纳,这往往是他们在原生家庭中所缺失的。起源于舞厅的流行文化元素多不胜数,其中包括时尚舞风 ‡——不,它不是麦当娜发明的——以及诸如"werk"(赞到爆)、"read"(打脸)、"face beat"(形容妆容极美,"整容式美妆")、"hunty"(honey+cunt,小婊砸)、"extra"(过于刻意或夸张,太过了)、"gagging"(极度渴望)、"serving realness"(展示……的美,让人领教……的美)、"tea"(瓜,八卦)、"kiki"(聚众闲聊)和"yas"(夸张版 yes)§ 这些宝贵的俚语。我写这本书

---

* 俚语"slay"的意思类似于"杀疯了""能打""飒",常用于表示某位女性做事霸气、雷厉风行,类似"姐姐好飒 / 杀疯了",或者非常美丽、有魅力,"美貌能打"。——译注

† 顺便一提,"Latinx"是一个无性别中性词,用以代替"Latino"(男性拉丁裔)和"Latina"(女性拉丁裔)。《赫芬顿邮报》(*Huffington Post*)的"拉丁美洲之声"(Latino Voices)专栏认为这个词是"'语言革命'的一部分,旨在超越性别二元对立、包容拉丁美洲后裔多元交织的身份认同"。并不是每个人都喜欢"Latinx"这个词——你说西班牙语的时候其实不会轻易用它——但无性别中性语言必然需要经过大家的长期沟通交流才能最终确定。"Latinx"是我写这章时大家正在使用的无性别词。

‡ vogue dance,一种高度风格化的现代浩室舞蹈(modern house dance),其动作舞步设计模仿时尚杂志 *Vogue* 的模特,舞步夸张,会以各种手势强调脸部轮廓和身体线条,还常用快速旋转和翻转手腕来表现动作的流畅性。——译注

§ 译者汉语俚语库已空,欢迎大家集思广益,替换上更好的汉语俚语。——译注

的时候，这些词已经变得非常流行，尤其是在互联网上，以至于许多人以为它们就是在网上诞生的。

加拿大语言学家格蕾琴·麦卡洛克（Gretchen McCulloch）可以解释网络俚语与只是在网上使用的线下俚语之间的区别：真正的网络俚语是用键盘在聊天室、社交媒体和网络游戏中打字交流而产生的语言，比如缩略词、表情符号、话题标签、拼写错误、哏、数字技术术语等，在互联网诞生之前或离开互联网，它们就不可能存在。像这些话："Lol, unsubscribe"（xswl，取关），"Tbh, he's even a troll IRL"（讲真，他在现实生活里也是个喷子），以及"tl;dr"（太长没看），"NSFW"（上班别点开），"asdfghjkl"（太激动了说不出话，啊啊啊啊啊啊啊啊），"You've been pwned!"（你被灭了；你账号或电脑被黑了）*，才是真正的网络俚语。但在Reddit上使用一个已经存在了几十年的俚语，严格来说并不能使它变成网络俚语。毕竟，任何在现实生活中被广泛使用的俚语都不可避免地会出现在互联网上。

播客《回复所有人》（*Reply All*）是由两个30多岁的白人直男主持的（这的确是不足之处，但我碰巧非常喜欢他们的节目）。在某期节目中，他们非常自信地解释说，俚语"yas"起源于推特，是"yes"的热情夸张版本，而且多亏了电视节目《大城小妞》

---

* tbh，即"to be honest"，说实话，讲真。IRL，即"in real life"，在现实生活中。tl;dr，即"too long; didn't read"，太长没看。NSFW，即"not safe for work"，上班时看有危险，一般指网络上分享的东西有色情或露点内容，不适宜在工作场合查看。pwned，即"owned"，源自《魔兽争霸》设计师的拼写错误，在黑客行话里的意思是攻破或控制服务器、系统、账号等。——译注

才流行开来。听到这儿，他们的许多听众，包括我自己，都差点被气出一个小动脉瘤，因为"yas"才不是白人书呆子的推特俚语，真是半毛钱关系都没有。

《回复所有人》的听众很快就指出了主播关于"yas"起源的错误，在接下来的一期，一位活跃在 20 世纪 80 年代舞厅的表演者乔斯·斯特拉瓦干萨（Jose Xtravaganza）受邀参加了节目。斯特拉瓦干萨表示，对发明"yas"的群体来说，这个词的意义比为了时髦在网上随便用用要大得多。处在这个词背后的是一个关乎生存的问题，它代表着团结互助，以应对每天都会遭遇的歧视和不公。"我们当时得说暗语，"他说，"这样才能让外人不懂我们到底在说什么……只有自己人才能明白，你知道吗？这是我们对抗社会的暗号。"

索尼娅·莱恩哈特指出，白人直男，也包括白人男同性恋者，为了显得时髦而说"yas"和"werk"这样的词，有点像白人流行歌手留脏辫、戴金链子、穿低腰牛仔裤。这种行为是单独提取了受压迫文化中"酷"的部分，同时却傲慢地忽视真正发明这些"酷"东西的文化背后的艰难处境。

莱恩哈特继续说道，白人直男不必从此再也不说"yas queen"（是，女王大人），就像贾斯汀·比伯（Justin Beber）不需要摘掉他的珠宝一样。但如果他们想继续使用边缘群体创造出的文化成果，那么作为交换，他们至少也应该做到认可并支持这些群体。舞厅文化团体"斯特拉瓦干萨之家"（House of Xtravaganza）曾在 Instagram 上发表了一篇简洁的帖子，总结了他们在这个问题上的立场："你不能一边说着'yaaass'、'giving me life'（让我燃了）、'werk'、'throwing shade'、'read'、'spilling tea'（分享八卦）之类的词，一边还恐同恐跨。这些短语都是变装文化和舞厅文化的直接产物。你不能把黑人和拉丁裔酷儿 / 跨性别者非人化，然后挪用我们的东西。"

其他英语国家的酷儿社群也创造出了绝妙的俚语。英国男同性恋者发明的另一个强有力的词汇系统叫作"Polari"。20 世纪早期到中期，英国的许多男同性恋者都能流利地使用这套黑话，专门用来欺骗或迷惑外人。"polari"是意大利语动词"parlare"（意为"说"）的变体。早在 16 世纪，该词汇系统就被广泛使用，它是伦敦俚语，单词倒读和蹩脚的罗姆语、依地语与意大利语的混合体。Polari 的整个词汇系统包含了几百个单词，如果你熟知其中的词语，那你会从演员、马戏团表演者、摔跤手、海军水手，以及各种同性恋亚文化成员的口中听到它们。但对其他人来说，这些词听起来不知所云，这样目的就达到了。

Polari 文化兴盛于 20 世纪五六十年代，只有那些经历过这个时期的人才会记得。我在 YouTube 上找到了几个这套词汇使用者的视频片段。在其中一个视频中，76 岁的前变装演员斯坦·穆拉诺（Stan Murano）列举了他过去最喜欢说的暗语："如果看到一个长得不错的男人，我们会说 'bona ro me, dear'（嗨帅哥，快到姐姐怀里来）……手指叫作 'martinis'，屁股是 'brandygage'……'ogles' 是眼睛，'riah' 是头发，'bats' 指的是你的鞋。"他边微笑边回忆往事。

20 世纪 60 年代中期，由于 BBC 的一档流行广播节目中设置了几个说 Polari 语的角色，这套密语就不再是秘密了（主流媒体毁掉了你最喜欢的地下俚语，你恨不恨？）。1967 年，同性恋在英国合法化后，同性恋解放运动活动家认为这套暗语在政治上是落后倒退的，不鼓励人们再使用它。尽管如此，在现代英国，以及一些美国的俚语中仍然可以找到一些 Polari 单词，比如 "bear"（指身材高大、体毛茂盛的男同性恋者）、"twink"（没有体毛的年轻男同性恋者）、"bumming"（肛交）、"cottaging"（在公共卫生间里猎艳做爱）、"camp"（娘娘腔的）、"trade"（性伴侣），以及 "fantabulous"（极好的）。

相比之下，女同性恋俚语的历史并不像舞厅俚语或 Polari 那样丰富，或者至少没有被大量记录过。女同性恋语言缺乏文献记录的原因主要有两个：首先，尽管在 LGBTQ+ 解放运动之前，女同性恋者被逮捕的可能性较低，但她们要独立于男性生活也非常困难，这使得发明出一套系统完备、广为人知的暗语词汇也愈加困难。简单地说，整个社会让女同性恋者从一开始就更难找到彼此（这可能是格申·莱格曼根本不相信女同性恋存在的另一个原因）。正如女同性恋者、女性主义语言学家朱莉娅·佩内洛普（Julia Penelope）曾经解释的那样："女同性恋在我们的社会中一直受到集体性和历史性的忽视，导致她们一直是彼此孤立的。"正因如此，她们没有机会建立一个"能够发展女同性恋审美的、有凝聚力的社群"，佩内洛普说。

但是同时我们也知道，在 LGBTQ+ 解放运动之前的时代，女同性恋俚语绝对已经存在了。我们之所以能确定这一点，部分是由于一位名叫罗丝·贾隆巴尔多（Rose Giallombardo）的社会科学家，她在 1966 年发表了一份关于女子监狱的研究报告，其中包括对恋爱中的女囚犯之间书信往来的研究。她从中发现，这些信件中使用的很多俚语都与 T/P（butch/femme）角色有关。T，或者说"studs""kings""mantees"，代表着掌控者角色；P 代表顺从者角色。

　　一般来说，俚语会在一些社会学家所谓的"全控机构"（total institutions）中盛行，这些机构在历史上一直采用性别隔离制度，例如监狱、军队、夏令营、寄宿学校。在过去的几十年里，像莱格曼这样的研究人员并没有完全意识到女子监狱是发现语言现象的绝佳场所（他们去这些地方也不太容易）。因此，贾隆巴尔多在 20 世纪 60 年代管窥到的女同性恋俚语在很大程度上被忽视了。

　　就像"男同性恋声音"一样，尽管女同性恋者之间的性别角色词汇、Polari 暗语、同性恋暗语和舞厅俚语等词汇系统确实存在或者曾经存在过，但并不是所有同性恋者都使用它们，有的甚至根本不了解这类词汇。毕竟 LGBTQ+ 群体来自多不胜数的不同地区、种族背景、教育背景和社会经济背景，并不是所有人都能接触到这些亚文化语言。20 世纪 70 年代中期，一组研究人员调查了男同性恋者对所谓"他们自己的"俚语的了解程度，发现他们中的许多人根本就没听说过这些词。如果当时的人们愿意研究一下女同性恋俚语，也可能得到相同的结果。这种情况对于同性恋女性来说尤甚，因为她们的历史写满了孤立无援。

　　在互联网时代，尤其是随着性的流动性越来越为人所接受，目前我们在这一章所讨论的语言都不再被认为是"同性恋"的了。德博拉·卡梅伦和另一位名叫唐·库利克（Don Kulick）的语言学家曾经说过，与其把咝音 s 或者颠倒性别代词当作同性恋者的说话方式，不如把它们看作是"无关性取向、任何人都可以使用"的语言资源，任何人都可以利用它们来表达自我，这样做更合乎逻辑，也更具成效。想想所有那些本身并不是同性恋者，但通过"像男同性恋者那样"说话来塑造某种形象的同性恋偶像们，比如猪小姐，梅·韦斯特。还有奥普拉和吸血鬼猎人巴菲等人，她们被一些人视为女性酷儿偶像，但实际上她们并不是女同性恋者。[*]

　　放心，以上例子并不代表 LGBTQ+ 群体又被异性恋者夺走了语言，这跟把"yas"的发明归功于推特不一样。相反，这是在为语言创造公平的大环境，这样"异性恋语言"就不再享有默认的、无须标记的特权地位。男人说话像女人不再代表同性恋，不会再招致攻击骚扰，甚至不会再让人单凭声音便冒出上述想法；女人说话带着"愤怒"或"坚决果断"并不一定代表她是女同性恋者（反之亦然）——生活在这样的世界不是更好吗？

　　在这样的世界里，戴维·索普和泰勒街头调查中的同性恋者，只有在故意通过咝音 s 或者说话"大胆"来表达某种态度、凸显自己的不同时，才会被认为是"同性恋"。到那时，一个人违反语言性别规范是被坦然接受、无伤大雅的，以至于听者听到他们这样说话时会想："哦，这是在表明同性恋身份啊，酷。"如此自

---

[*]　猪小姐（Miss Piggy），《布偶秀》（*The Muppet Show*）中风情万种、个性凶悍的时尚美女猪。梅·韦斯特（Mae West），美国演员、剧作家、编剧，为美国人熟知的性感偶像。巴菲，1997 年开播的美国电视剧《吸血鬼猎人巴菲》（*Buffy the Vampire Slayer*）中的女主人公。——译注

然轻松，就像当有人用夸张讽刺的芝加哥口音说话时，听者会想"哦，这人来自中西部啊"一样。

2012年，两名来自曼彻斯特的艺术家与兰开斯特大学的语言学家合作推出了一款名为"Polari Mission"的应用程序，其中包含了500多个Polari单词，以及从头到尾翻译成Polari语的钦定版《圣经》——真该给想出这个点子的人颁个奖。Polari语版《圣经》的开头写道："太初，格洛丽亚创造了天地……格洛丽亚的仙女在水面上滑过。然后格洛丽亚咯咯笑着说：'要有火花。'就有了火花。"*

我很感激我们不再生活在一个需要这种版本的《圣经》存在的世界里，我们已经前进得足够远了，酷儿们不再需要躲在密语后面生存了。但作为一个语言狂人，我对我们所保有的这套记录非常着迷，因为这证明在最黑暗的时期，语言可以为人们提供一个创意无限、丰富多彩的庇护所。

另外，把动词"cackle"（咯咯笑）恢复为"say"（说）的同义词这一举动，我可以说（cackle），我是真的爱死了。

---

* 此处原文为："In the beginning Gloria created the heaven and the earth...And the fairy of Gloria trolled upon the eke of the aquas. And Gloria cackled, Let there be sparkle: and there was sparkle." 作为参照，钦定版《圣经》原文如下："In the beginning God created the heavens and the earth...And the Spirit of God moved upon the face of the waters. And God said, Let there be light: and there was light."——译注

第十章　独眼巨人、内裤木偶、秃瓢怪

乔纳森·格林（Jonathon Green）领导了一组研究人员，他们的研究无疑是有史以来最"NSFW"的语言项目之一。格林是一位英国俚语词典编纂者，他仔细梳理了数千本 13 世纪以来的书籍、报纸、剧本、词典和其他书面文件，整理出了有史以来内容最全面、涉及面最广泛的生殖器词汇目录之一。该目录完成于 2013 年，共包含 2600 个词语，有现代的也有古代的，词义全都指阴茎、阴道、睾丸或人类下体的其他部位。作为对比，这部目录中的词条比第一部英语词典中的总词条量还要多。

关于生殖器的别称有 2600 个，真是太多了，你能想象给你的胳膊肘取这么多绰号吗？但在英语俚语的历史中，与生殖器有关的词汇一直是最灵活多变的词类之一。考虑到这些身体部位附带的禁忌属性，我们为它们想出这么多绰号、隐喻和委婉语是可以理解的，而且大概率在格林发现并总结这些词汇很久之前，人们就已经在这样做了。甚至我们小时候学的第一个关于"隐私

男性与女性生殖器俚语历史年表

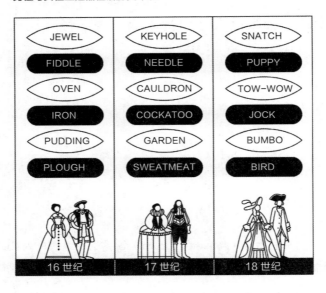

JEWEL	KEYHOLE	SNATCH
FIDDLE	NEEDLE	PUPPY
OVEN	CAULDRON	TOW-WOW
IRON	COCKATOO	JOCK
PUDDING	GARDEN	BUMBO
PLOUGH	SWEATMEAT	BIRD

| 16 世纪 | 17 世纪 | 18 世纪 |

CLAM	JELLYROLL	MOOT
NOB	DINGBAT	JAMMER
TULIP	BOOGIE	BATCAVE
DINK	NARDS	OLD CHAD
OLD DING	WAZOO	BURGER
SCHLONG	LOVE PUMP	BONAPHONE

| 19 世纪 | 20 世纪 | 21 世纪 |

部位"的词也是一种委婉的俚语形式："pee pee"（尿尿）、"hoo hoo"（呼呼）、"thingy"（那东西），等等。使用委婉别称无论是出于羞愧、幽默，还是为了显得性感，抑或是三者兼而有之，总之我们似乎无法坚持使用阴茎和阴道的本名"penis"和"vagina"。

　　格林收集这些数据并不仅仅是为了好玩，他是在寻找规律。他发现的最显著的一点或许是，不管时间如何变换推移，生殖器词汇所反映出的主题都那么一致，那么令人不安。正如格林在他的研究发表后不久告诉记者的那样："阴茎通常被形容为某种武器，阴道被形容为某种狭窄的通道，性行为被描述为某种'男人打女人'的方式。"这些恼人的比喻能存在如此之久绝非偶然。专门研究英语"下流话"的语言学家认为，如果你想了解我们文化中对性的主流态度——即"性行为是插入式的"，"性行为结束的标志是男人完成射精"，"男人是好色的追求者，而女人是温顺的、无性欲的性对象"——只需看看我们想出的用来描述性的词语就行了。我们用来谈论性的那些令人不适的下流话，往往能清晰反映出我们现实生活中性行为的种种问题。

　　语言学家拉尔·齐曼正是研究下流话的著名学者之一，他花了数年时间分析不同性别的人如何使用生殖器相关词语来识别自己的身体和性经历。"总的来说，很明显，我们谈论生殖器的方式集中体现了我们对性和性别的看法，"他告诉我，"人们在异性恋正典的性别指称方面做出的探索的确表明，我们谈论生殖器的方式反映出了我们文化价值观中最糟糕的部分。就像阴茎永远是插入性、侵入性的武器一样，性永远是暴力的；女人和阴道永远是被动的、缺席的，只是一个放置阴茎的容器。"

这种"菲勒斯中心主义"*视角所影响的范围远不仅限于生殖器词汇而已，用来描述性的最常见的动词中就到处可见其影响："bone"（骨头；硬了）、"drill"（钻头；插入）、"screw"（拧螺丝；肏）。在这类词汇的世界里，勃起的人既是戴光环的主角，也是叙述者。如果有人从阴道的视角来描述性——比如说，"We enveloped all night"（我们整晚都包裹在一起），或者"I sheathed the living daylights out of him"（我把他的精气吸收一空），或者"We clitsmashed"（我们把阴蒂撞开花了）——这将成为对主流性爱谈话的一种独特反叛，然而对许多听者来说却会十分费解。

菲勒斯中心主义的暗示甚至也渗透到了官方的词典和医学文献中。在我写这篇文章的时候，TheFreeDictionary.com 上医学术语表中对阴道的定义是："在性交过程中接纳阴茎的交配器官。"尽管这个解释根据的是所谓的医学视角，不是对阴道的政治性解读，然而我想请一位医生试试告诉一位女同性恋者，她的阴道是"接纳阴茎的器官"，不知道结果会如何呢？

受到乔纳森·格林生殖器词汇时间线的启发后，我真的很想知道我的朋友们喜欢哪些、会使用和避免哪些关于生殖器的词语，于是我自己也做了一个小规模的调查。在脸书上，我让人们给我发信息列出他们最喜欢和最不喜欢的生殖器相关词语，包括专业术语和俚语。——现在回想起来，我当时可能应该选择一种更明智的数据收集方法。有一些充满热情的回答来自我那些活跃

---

* 菲勒斯（phallus）源自希腊语，指勃起的男性生殖器图腾，亦是父权的隐喻和象征。菲勒斯中心主义也就是人们一般说的男权中心主义。——译注

于脸书的姑姑和姨妈，我告诉你，让我父母的姐妹们告诉我她们喜欢怎么称呼自己的阴道，可以算是让我最不舒服的研究经历之一。

有趣的是，我注意到当谈论阴道时，我的非异性恋女性朋友们倾向于使用更直白的词，比如"pussy"，而我的异性恋女性朋友们更经常使用较隐晦的昵称，比如"va-jay-jay""vag"。我好奇，这会不会是因为酷儿女性对阴道以及女性性欲感觉更自在。

我个人是倾向于这样认为的。在我那段令人沮丧的异性恋青少年时期和20岁出头的时候，我总是对关于阴茎的许多俚语感兴趣，甚至会被逗乐，比如"dick"、"pickle"（腌黄瓜）、"ding-dong"（叮咚），甚至是再普通不过的老词"penis"。但我从来没能找到哪个不会让我感到羞愧不安的词来代替"vagina"。我经常用来自我辩护的借口是，"vagina"这个词又长又难说，缺少那种让"penis"听起来有趣的爆破音。七岁之前，我一直把"vagina"错读成"bagina"，当我发现这个词实际上是以 v 开头时，我突然就不那么喜欢它了。也许就连我这个小不点也觉得那个活泼的b 音——b 音是"penis"中 p 音的同胞——比笨拙的 v 音更古灵精怪、更吸引人。

但实际上，我知道我对"vagina"这个词的想法代表着更为复杂的问题。我绝不是唯一一个被这个词吓退的人。大热电视剧《实习医生格蕾》（Grey's Anatomy）的编剧珊达·莱姆斯（Shonda Rhimes）曾告诉《奥普拉杂志》（O, The Oprah Magazine），在《实习医生格蕾》早期的一集中，"penis"这个词出现了 32 次，没有人对此有任何意见，但当他们试图在剧本中两次加入"vagina"

一词时——再说一次，这是医学术语——广播标准委员会的高层立即提出了反对。

这其实就是"va-jay-jay"这个词最初被发明出来的原因。21世纪头十年中期，莱姆斯在《实习医生格蕾》的片场听到一位助理说过这个词，她立刻觉得这是"她听过的最棒的短语"。它被写进剧本后，美国人一夜之间就爱上了它。很快，"va-jay-jay"成为妇科医生、母亲，甚至奥普拉想说"vagina"时的替代词——"你有一个va-jay-jay，你也有一个va-jay-jay！"

我认为人们喜欢"va-jay-jay"这个词的部分原因是，与其他许多表示阴道的俚语不同，这个词是女性发明的，感觉像是属于女性的。另外，这个词的发音比"vagina"更友好，当然也比"cunt"或"twat"（屄；娘们儿）之类的词友好得多。叠音"jay-jay"让人联想起婴儿的语言，比如"goo goo""ga ga""hoo hoo"。这让它听起来更可爱、更受欢迎——此处的"它"既是这个词本身，也是关于女性性器官和性行为的一般概念，而后者在语言及其他许多方面受到审查的历史可谓悠久。*

综上所述，"vagina"这个词本身并没有什么可怕的。而我们语言提供的大多数替代词都要可怕得多："ax wound"（斧伤）、

---

* 一直以来，有给女性口交画面的电影总被评级为NC-17（17岁或者以下观众禁止观看），我能想到的有《蓝色情人节》（*Blue Valentine*）、《男孩不哭》（*Boys Don't Cry*）、《查理必死》（*Charlie Countryman*）。但同样的标准显然并未应用于有给男性口交画面的电影。我常想起2013年的传记电影《拉芙蕾丝》（*Lovelace*），它讲述了1972年色情电影《深喉》（*Deep Throat*）中的明星女主角在拍摄该电影前后的生活。《拉芙蕾丝》整部电影充斥着给男性口交和极端性暴力，却只被打了个温和的R级（17岁以下观众须在父母或成人陪同下观看）。哦，所以可以让孩子们看一个女性色情明星被反复强奸，但是女性的欲望呢？不准看，不准看。

"snake pit"（蛇窝）、"beef curtains"（牛肉窗帘），听起来像是《德州电锯杀人狂》（*The Texas Chainsaw Massacre*）里的情节。但这并不是说被动一点的词——"box"（盒子）、"cave"（洞穴）、"garage"（车库）——就更好。我不知道你们怎么想，但我的"va-jay-jay"可不是什么孤独空虚的坑，等着什么"快乐棒"来实现自己存在的意义。我其实也并不那么喜欢可爱友好的"va-jay-jay"。毕竟为什么只有当女性的性被打上可爱的标签时，才能被接受呢？更不用说从技术上讲，阴道本身只是一个连接子宫和外部世界的空间——一个通道，"放置阴茎的容器"而已。而外阴的性感带（G点、阴蒂）甚至根本不属于我们所说的女性生殖器的一部分。

当谈到与性相关的语言时，我们的"阴茎中心主义"是如此根深蒂固，以至于大多数人对"fuck"这个词的解释一定会涉及阴茎，尽管这个词实质上并没有暗示阴茎的参与。15世纪之前，"to fuck"的意思是"击打"，这当然有强烈的身体暗示，但不一定就是阴茎这个部位。

综合以上因素，也难怪一个人在成长过程中会形成"阴道只不过是阴茎的一个容器"——比如，"cum sponge"（精液海绵）——的刻板印象。大多数有阴道这个器官的人往往需要花费几十年的时间才能消除性爱"无聊""令人沮丧""不可说"的错误想法，最终找到有趣而满足的做爱（shtup）*方式。

---

* 这是我个人最喜欢的性的同义词之一。这个词是从依地语中借来的，意思是"推动"，自20世纪60年代中期以来，像我一样絮叨的美国犹太人，包括我自己，一直在使用这个词。

有语言学家试图探究当代性教育的语言到底哪里出了问题。其中有两位名叫莉萨·布兰德（Lisa Bland）和拉斯蒂·巴雷特（Rusty Barrett）的学者（名字古怪，研究也古怪）。1998 年，他们在对部分自助畅销书中的性建议进行调查时提出了这个话题。这些书中的一个关键主题是教异性恋女性如何"说下流话"，从而改善她们在床上的体验。这些书的作者花了很多篇幅来敦促女性克服对使用"禁忌词"的"罪恶感"，例如，她们可以多注意色情片中的对话、打电话给电话色情服务的接线员、大声阅读言情小说。

1995 年出版的自助宝典《卧室里的火星和金星》（Mars and Venus in the Bedroom）出自约翰·格雷（John Grey），他也是 1993 年的畅销书《男人来自火星，女人来自金星》（Men are from Mars, Women Are from Venus）的作者。格雷对于为什么异性伴侣没有良好性生活的解释是，因为男人和女人对性的欲望和沟通方式天生不同，仿佛他们来自不同的星球。他的每一条建议都源于这样一种观念：女人不让男人和她们进行足够多的性爱，男人也没有为女人提供足够使她们想做爱的情绪价值。"就像女人需要有爱才能敞开心扉接受性一样，男人也需要有性才能敞开心扉去接受爱。"他写道，并提供了如何解决这种冲突的建议，包括夫妻在他们的日常性生活中加入"快速性爱"（即女人未达高潮的短暂性爱），这样女人无须付出太多努力便能满足男人的需求。

格雷的建议存在无数问题，但首先，男人和女人实际上并非来自两个不同的星球。他的异性恋女性读者无法享受性爱并且购买这些书的原因，绝不是因为她们来自金星——那个人们天生没有性欲也没有性高潮的遥远天体；而是因为我们生活的地球上存在着社会不平等，导致卧室里（或客厅、小货车后面，以及其他任何地方）的权力失衡，这使得女性很难，有时甚至也不可能将自己视为性爱场景中的主角，更不可能拥有词汇来表达有关性的一切。

虽然有人会说，给女性提供如何更好地享受性爱的建议是一种女性主义的举动，但格雷等作者的建议的失败之处在于，他们是在鼓励女性服从对男性性喜好和性方式的异性恋正典叙述，而不是在试着帮助她们从根本的性权力失衡当中重获平衡。他们不会给女性一套属于她们自己的"下流话"词汇表。正如 1994年一篇关于男性和女性之间性爱谈话的论文所说："男性文化对女性的统治，借助媒体对异性恋关系的呈现方式……来确保女性在一定程度上通过男性的眼睛来看待自己。女性没有一套能谈论女性性爱和女性欲望的话语系统。"

这篇 1994 年的论文是由三位心理学家撰写的，她们分别是琼·克劳福德（June Crawford）、苏珊·基帕克斯（Susan Kippax）和凯瑟琳·沃尔德比（Catherine Waldby），以下简称三人为"CKW"。她们进行了一项研究，研究内容是男性和女性谈论性经历时的差异，以及这两种迥异的说话方式揭示了西方性文化的哪些一般特征。在该研究中，CKW 收集并分析了 19 个不同的全女性和全男性小组有关性经历的讨论。其中许多谈话都提到了尴尬的约会和第一次亲密接触的故事，不过研究中最有趣的发现来自男性和女性讲述了非常相似的经历，却得出了截然不同的结论。

在 CKW 分析的一次讨论中，一位名叫伊恩的男子回忆起他十几岁时的一段经历，当时他和两个朋友在海滩上结识了一群女孩。伊恩描述说，他本来想和其中一个女孩约会，但那个女孩最后和伊恩的一个朋友约会去了。更让伊恩失望透顶的是，他的朋友们"都抱得美人归"，而他只能和"剩下的这个胖东西"（另一个女孩）在一起。

CKW 收集到的另一场讨论是一段与上文所述的事情毫无关联但非常相似的经历，讲述者是一位女性，姑且叫她埃米吧。埃米讲的是她 16 岁时和朋友们在海滩上被搭讪的故事。当时埃米的一个朋友海伦看出来最后和她配对的男生并不喜欢她。"肯的朋友说他可以跟海伦一起……他似乎对此不太高兴，"埃米回忆道，"海伦感到非常尴尬，她不知道该怎么办……她没说什么——其他人都跟肯说海伦喜欢他，但这让事情变得更糟了……海伦认为，肯一定是觉得他被分配了一个毫无魅力、不合群的丑女。"

除了场景的相似之处（海滩和搭讪），这两个故事的另一处共同点是，故事中的女生都没有发言权，她们的感受是通过其他人传达给男生的。与此同时，故事中的男生被期望扮演积极主动的角色。他们被期望成为发起者、专家，女生则被期望遵从男生做出的任何决定。在后一个故事中，埃米和海伦都想知道肯的感受，但伊恩在讲述中一次也没有提到与他在一起的女孩的感受。事实上，伊恩甚至觉得是否把那个女生看作"人"都是无关紧要的，他竟然称她为"东西"。

然而，即使这些故事中的女性（海伦、埃米，可能还有伊恩故事中那个不知名的女孩）觉得自己明白男人的想法，她们也不会试着大声表达出来。她们不会说："嘿！我看得出来你不喜欢我。告诉你个好消息——我也不喜欢你！所以我们就算了吧，怎么样？"恰恰相反，她们遵循了这类互动的不幸的潜规则，即女性必须"接受自己作为客体的地位"。她们的命运取决于男人的选择。根据我们对异性恋男性气质和男性性冲动设立的文化标准，男人要符合"渴望性并追求性"的社会期待，不论他们是否真的想要。

我们大多数人从小到大听到过的关于男性和女性欲望的叙述，基本上都是一个女人不可能只想要性而不想要某种承诺。CKW 指出，这种看法的存在可能是艳遇场景中一个男人经常无法知晓女人究竟想要什么，无法把女人当作"人"来看待的部分原因。有时男人能做到这一点，但也只是特例。CKW 认为："男性似乎觉得，如果他们把女性伴侣当作一个人来对待，就有义务做出承诺。一夜情或许可以暂时满足她，但她必定更愿意和一个让她既能建立身体联结又能建立人格联结的人在一起。"——我觉得这话挺有道理的啊？那话说回来，难道这就是女同性恋者之间的性爱更美好的原因吗？但是总体来说，似乎男性通常只会在长期浪漫关系中与女性建立人格联结，而不会在随意的性关系中这样做。无论是因为社会文化教导男人"所有女人做爱之后都会缠着你不放"，还是因为他只想来一发爽炮，任何男人在猎艳或约炮时可能都会下意识地认为他必须把女人当成一个非人的客体，否则他很可能会把自己困在一段严肃关系中，从而，据我推测，再也不能在不同的性经验中精进技法了。

在研究的最后，CKW 通过对未来的展望进行了总结：

> 将性描述为一种快乐体验，并将快乐体验与生育分开，承认女性有积极主动的性欲、是自信的性主体，而且性过程不必以勃起的阴茎为中心，这类话语将挑战并对抗现有的权力结构。我们需要的是一个新的神话，一个讲述相互探索、交流、发现和彼此满足的神话，在其中，插入阴茎不再是最终目的，而是享受情爱的多种可能方式之一。

这个新神话的很大一部分内容，肯定是一套全新的性爱词汇（sexicon），这样非顺性别人群可以从自己的视角谈论他们的身体和欲望。在一些社群当中，这套词汇已经被发明出来了，本章开始列举的一系列生殖器别称就是。

拉尔·齐曼进行了大量的研究，观察为什么用自己的语言认同自己的性器官能为人们的性赋权。齐曼的研究对象主要集中在跨性别群体，他们对生殖器进行了重新命名，借此进一步挑战并质疑了人们对男性和女性身体的既定看法。对于一个尚未接受性别确认手术（gender confirmation surgery）*的跨性别人士来说，医生或字典会以二元性别的方式对他们的身体进行分类。但是，如果你回想一下第二章的内容，我们在解读一个人的身体时必须考虑其后深厚复杂的文化背景与影响，那么这种非此即彼的

---

* 曾被称为性别重置手术（sex reassignment surgery）。

性别二元分类逻辑就会土崩瓦解。

如果一个人在出生时被指定为男性，但自我认同为女性，即便医生仍然称她的阴茎为"penis"，难道她就不可以随心意称自己的阴茎为"pussy"了吗？难道她不可以用自觉最舒服、最贴切的语言来描述自己的身体吗？

正如齐曼的研究所揭示的那样，跨性别者当然可以按照自己的心意描述自己的身体，而且也确实这样做了。齐曼观察了跨性别者在互联网上——特别是在聊天室、论坛和 Craigslist[*] 的约炮广告上——最露骨、最不加掩饰的聊天状态，由此仔细研究了他们称呼生殖器的习惯。在实践中，跨性别者经常使用打破社会性别与生殖器之间关联的词语来指代自己的生殖器。词典上关于生殖器的定义往往会列出对某个身体部位功能的描述，并将之与相"对应"的性别关联起来，例如，"女性生殖管道的一部分"。然而，跨性别者经常做的是，在谈论自己的身体时只选择其中某一个语义元素。

齐曼研究中的人群有时依据不同的语境，会切换使用常规的男性或女性性征术语，他们的用词当中不但包含更多的专业术语，如"vagina"和"clitoris"（阴蒂），也包括了像"dick"和"pussy"这样的俚语。"当使用传统的女性性征术语时，他们指的是身体构造。"齐曼解释道，并引用了这些跨性别者的话："不会只有我痛恨自己的阴道吧？""我极度憎恶我的阴道""我一想到阴道／肛门插入就觉得厌恶，我跟别人解释过，我才不是处女，我只是

---

[*] 美国分类广告网站，创立于 1995 年，总部位于加利福尼亚州旧金山。——译注

以前从来没有过阴道性交，因为我讨厌那样。"

　　该研究中更常见的现象是，研究对象会反其道而行之，用男性性征俚语来指代通常被视为女性性征的身体部位，用女性体征俚语指代男性体征部位。在亚马逊电视剧《我爱迪克》（*I Love Dick*）的第一季中，一个名叫托比的女性角色为一个名叫德文的双性人角色口交，德文有一个会被医生称为"阴道"的部位，但托比进行口交时把德文的阴部叫作"cock"。YouTube 跨性别主播亚历克斯·伯蒂（Alex Bertie）也做了类似的事情，他把自己两腿之间的部位称为"dick"，尽管他还没做过手术。

　　对跨性别者来说，用俚语认同自己的生殖器是一种惯用方法。齐曼说："现在的很多跨性别者认为男性身体属于任何一个自我性别认同是男性的人。"女性身体亦如此。在某些案例中，跨性别者也会把不同单词混合起来创造新的单词——"boycunt"（男孩屄）、"manpussy"（男人屄）和"dicklit"（鸡巴阴蒂）就是齐曼接触到的其中几个词。齐曼说，使用这些词语是一种"收复身体部位并重新定义"的行为。"这是对身体部位进行重构的一部分，这些身体部位经常是不适感、不安感和自我排斥感的源头。这样做是将这些部位以新的方式与情爱关联起来……跨性别者无须真正消除与自我性别认同不符的身体特征。"

　　由此可知，如果一个人觉得"vagina"、"box"、"snatch"（捕捉器）、"boning"、"screwing"这些说法不能准确地描述自己的身体或性别，同时让自己感到不适的话，他们当然可以把现有的性爱词汇扔出窗外，然后想出一套全新的表达方式。2015 年，我问过我的一群顺性别女性朋友，如果她们可以给自己的身体部位重新命名，她们会起什么新名称。她们的回答有的蠢萌、有的骚气，比如"galaxy"（银河，星系）、"pooka"（妖怪）、"freya"（弗蕾亚）、"V"、"vashina"（"vagina"的变体）和"peach"。我听到过的另一个女性发明的短语是朗朗上口的复合短语"vaginal-cliteral-vulval complex"（阴道-阴蒂-外阴复合体），或简称"VCVC"。

我也在网上做了另一个小调查，想了解一下当跨性别者和酷儿群体想用比专业术语更有趣的中性词称呼自己的身体部位时，他们选择了哪些词。感谢汤博乐*，我在上面发现了以下词语："stuff"（材料）、"junk"（帆船）、"bits"（生殖器，巨乳）、"down there"（下面）、"front hole"（前洞）、"funparts"（快乐部位）、"venis"（高潮点）†、"click"（咔嗒声）。

我不期望"vagina""penis"这两个词，以及那些欠妥的俚语代称完全消失。但我喜欢鼓励女性和性别酷儿以他们喜欢的方式描述性和他们自己的身体，不用在意医疗专业人士、电影或色情片告诉他们应该怎么说。我们不如从第一步，对性伴侣使用我们选择的词语开始，接着在生活中对我们的朋友使用它们，然后把它们带到互联网上，看看结果如何呢？也许这些词背后的含义会逐渐渗入文化意识当中，终有一天，把阴道叫作"VCVC"和"sex sheathing"（性爱鞘）会跟"snatch"和"screw"一样普遍。

---

* Tumblr，一个轻博客社交网络平台，由戴维·卡普（David Karp）于2007年创立。——译注

† 英语中的高潮是"to come"（来），"来"的拉丁语是"veni"。这种用法暗指恺撒的名言"Veni, Vidi, Vici"（我来，我见，我征服）。——译注

也许用自己造的词给自己的身体部位重新命名的想法终究会流行起来。也许当这种情况发生时，随之而来的最终会是性权力天平的重新平衡。

这种畅想里充满着"也许"和"也未可知"。众所周知，语言和社会变化之间的关系是很难预测的，但是研究人员工作的一部分就是大胆提出假设。所以，兜兜转转之后回到原点，我请我为写作这本书而请教的值得信赖的专家对英语的未来做了一番直言不讳的展望，不仅与性有关，还涉及了其他方方面面：侮辱类脏话、性别和性向标签、语法、街头言语骚扰、咒骂类脏话。德博拉·卡梅伦、拉尔·齐曼和其他一些学者都提出了精彩绝妙、令人茅塞顿开的洞见。

第十一章　那么……1000年之内，女人能统治英语吗？

1987年，两位疯狂、坚定的女性主义者，玛丽·戴莉（Mary Daly）和简·卡普蒂（Jane Caputi）出版了一本名为《韦氏第一版新星际邪恶英语词典》（*Websters' First New Intergalactic Wickedary of the English Language*）的书。这本激进的、充满女性力量的新词典旨在将英语，亦即二位口中的"父权语言"，转变为一种为女性而生、关于女性的语言。戴莉和卡普蒂是第二波女性主义运动的死硬派，她们真诚地相信女性性别在智力和道德上都是更优越的，一个由女性领导的世界应该是我们的现实目标（大部分政治右翼人士觉得所有女性主义者都是她们这样的）。

戴莉和卡普蒂反传统的《邪恶词典》重新定义并调整旧英语单词、引入新单词，创造了一套灵动古怪、女巫般的新语言，直白地反映出了女性眼中的世界。以下是一些重要词条：

DICK-TIONARY（老二词典）：所有父权词典；一群混蛋编出来的毫无创意的、被规训与压抑的词汇系统。

HAG（丑老太婆）：女巫，复仇女神，哈耳庇厄*，出没于父权制的树篱（边界）附近，恫吓蠢货，召唤并引导举止奇特、迷茫流浪的女人们到达原野。

CRONE-OLOGY（干瘪丑老太婆年代学）：激进女性主义年代学。

GYN/ECOLOGY（妇/科学）：干瘪丑老太婆用来揭露体制、意识形态与暴行之间联系的知识系统。

20世纪七八十年代，许多新的女性主义词典——通常也被称为"dyketionaries"（女同词典）——开始出现，但《邪恶词典》无疑是最著名的。作者的想法是，如果我们可以重新定义英语以反映女性看待世界的角度，那么我们也可以重新定义世界本身。虽然语言并不以这种方式运作，但戴莉和卡普蒂绝对不是唯一认为现有的英语从根本上有负于女性的女性主义者。1980年，女性主义学者戴尔·斯彭德（Dale Spender）出版了一本名为《男人创造的语言》（*Man Made Language*）的书，她在书中提出，由于英语是由男性创造的，故英语传达的是一套完全男性化的观点，这种观点潜移默化地给女性洗了脑，让女性误以为男性的观点是唯一重要且客观存在的。因此，我们需要一个重新想象的、

---

* Harpy，希腊神话中的鹰身女妖。——译注

由女性创造的英语系统来扭转这种思维方式。

许多第二波女性主义的活动家期待着与斯彭德的想法类似的理论逻辑能指导英语向前发展，并在发展过程中帮助实现性别平等。斯彭德的书反映出了对萨丕尔-沃尔夫假说（Sapir-Whorf hypothesis）的一种解释。萨丕尔-沃尔夫假说是在 20 世纪初提出的，用来解释语言对使用者世界观的影响。假说中的原理有两个版本：较温和的版本——也是更被广泛接受的版本——认为语言只会影响人的思考；而较激进的版本——斯彭德的理论与之一致——则认为语言能决定思维方式。根据斯彭德的说法，母语的语法和词汇决定了你对现实世界的内在固有感知——如果你的语言中没有哪个词是描述某个概念的，那么你就根本无法想象出那个东西或者那个概念。正因英语词典和语法都是由男性编撰的，所以女性亟须发明一种全新的、以她们自己的世界观为中心的语言。

也许女性主义语言改革最令人钦佩——也是最失败——的尝试发生在斯彭德的书出版几年后，当时语言学家苏齐特·黑登·埃尔金（Suzette Haden Elgin）试图发明一种全新的"女性语言"来取代英语。1984 年，埃尔金出版了一部名为《母语》（*Native Tongue*）的反乌托邦科幻小说，这部小说很像玛格丽特·阿特伍德（Margaret Atwood）的《使女的故事》（*The Handmaid's Tale*），故事也设定在末日后的未来，美国女性没有任何权利，只服务于一个社会目的——生育和抚养孩子，她们完全受制于丈夫和父亲。在《母语》的世界中有一个例外：一群特殊的女性语言学家，她们在家庭之外从事翻译工作，帮助跟那些与地球取得联系的外星人进行交流对话［就和埃米·亚当斯（Amy Adams）在 2016 年的电影《降临》（*Arrival*）里的工作差不多］。在空闲时间里，这些女性语言学家秘密合作创造了一种全新的语言，拉丹语（Láadan），该语言只表达女性的世界观。利用这种新颖的交流系统，她们计划推翻父权制，将自己从奴役中一劳永逸地解放出来。

苏齐特·黑登·埃尔金所创造的拉丹语比戴莉和卡普蒂的《邪恶词典》走得更远：她创造了一种功能完备的语言，就像《星际迷航》（*Star Trek*）里的克林贡语（Klingon），但比克林贡语更强大。拉丹语拥有完整的语法结构（其特点之一是包括修饰语，可以让说话者清楚地表达自己的情感意图，埃尔金认为这似乎是天然的女性化特点），也有一个发音系统（包括不同的声调，就像汉语普通话一样——德博拉·卡梅伦认为埃尔金这样做不是出于女性主义，而只是因为她"觉得有声调很酷"），以及一个精简的核心词汇系统。埃尔金希望拉丹语词汇系统能囊括那些她认为所有女性共有的，有关身体、社会和情感经历的词汇，而这些经历和感受从来没能被讲述出来，抑或需要好多个复杂的英语句子才能描述。例如，拉丹语用不同的单词来表示"月经提前""痛经""月经轻松愉快"；有一些词用来区分沮丧和愤怒之间的细微差别，不论这种情绪是事出有因还是毫无由头，是别人造成的还是自动产生的；有一个动词是"doroledim"，用来描述一个女人暴饮暴食的行为，而引发这种行为的深层原因是她缺乏好好照顾自己的能力，同时又因过度沉溺某物——比如食物——而感到极度内疚自责；有一个名词"radiidin"，翻译过来是"非假日"，指往往变成了女性负担的假日，因为女人必须一个人包揽做饭、装饰房子、准备招待众多宾客的工作。这些只是埃尔金1800多个词中的区区几个，已然描绘出了她认为女性群体皆能产生共鸣的现象。埃尔金创造拉丹语并不是纯粹为了娱乐，她真诚地希望并推测，这套新语言会对现实的政治世界产生巨大影响。"我的假设是，"她在2007年接受采访时说，"如果我设计一种语言，专门为女性提供一种更完善的机制来表达看法，女性可能：a）会接受它并开始使用，或者b）接受这个想法，但不接受这套新语言……然后创建其他'女性语言'来取而代之。"

显然，她假设的两件事在《母语》出版之后的许多年里都没有发生。拉丹语俏皮的语调和古怪的词汇并没有取代英语，甚至没能给讲英语的人留下任何深刻印象。那个时期写就的任何一本女性主义词典也都经历了相同的命运。单一"女性语言"的想法存在着根本问题。德博拉·卡梅伦评论道："我一直对'表达女性看法'的语言这一想法持怀疑态度。这些看法是什么样的？它们属于哪些女性？没有任何一套看法是能让所有女性都认同的。"尽管相信集体姐妹情谊的想法非常美好，但女性经历是一个庞大复杂的光谱，而"姐妹情谊"并不意味着同一种经历。

过往那些用女性主义词典取代传统词典的失败尝试证明，英语实际上并不是天生的男权语言。从实用的角度来说，无论语法指南是谁写的，我们其实都不需要彻底颠覆英语。正如我们已经发现的，女性在语言上具有令人难以置信的创新能力——从她们的俚语到她们的单词发音——她们可以很好地运用现有的英语来表达自己。更不用说，让一门语言变得女性主义并不是从让元音、辅音甚至词汇变得女性主义开始的，而是从改变语言使用者的意识形态开始的。

戴莉、卡普蒂、埃尔金和斯彭德对英语的看法是，只要改变一个人的说话方式就能改变其政治主张，这是一个非常乐观的理论。但拉尔·齐曼提醒我们，事情不是按照这种顺序发生的。他说："任何语言改革都必须在文化变革的背景下进行。你不能先有语言上的变化，然后指望人们接受文化上的改变。"

不过，这些女性确实做对了一些重要的事情。其中之一便是她们成功揭露了无处不在的男性中心主义，这种男性中心主义在正式的语言指南的编制中仍然存在，原因很简单，从古至今词典编纂、创制语法等工作一向只允许男性从事。比如说，你知道"lesbian"这个词直到 1976 年才被收入《牛津英语大词典》吗？更令人难以置信的是，作家塞西尔·戴-刘易斯（Cecil Day-Lewis）的以下宝句被列为了该词的例句："I shall never write real poetry. Women never do, unless they're invalids, or Lesbians, or something."（我永远写不来真正的诗。女人永远写不出诗，除非她们身体残缺，或者是女同性恋，或诸如此类。）

埃尔金和斯彭德等女性还准确地推断出，语言是社会改革的重要组成部分。《母语》、《邪恶词典》、罗宾·拉科夫的《语言与女性地位》都出版于第二波女性主义运动时，这并非巧合。在那个高度政治化的时代，社会赋权引发了语言赋权。

但人们对性别和语言改革的兴趣却时起时伏。齐曼说，21

世纪初他正在申请研究生，想找人探讨跨性别身份认同和语言学，但是没人在乎，没人想聊。那时候，人们认为这个话题太小众了，没什么实用性。但 10 到 15 年之后，性别和性别平等问题开始再次成为文化前沿，我们用来谈论这些问题的语言也随之发展起来。

然而，随着女性主义的声音越来越嘹亮（这预示着一场社会和语言革命即将到来），反对她们的声音也越来越大。"我们亲眼看见，这种能让所有被压迫者迈向更美好的世界的新进步叙事，不会像人们想象的那样轻易就能成功，"齐曼在圣巴巴拉的一个大雾天对我说，"哪里有社会变化，哪里就会有阻力。"

与齐曼的对话是我为这本书进行的最后一次采访。那是在 2017 年 12 月底，当时加利福尼亚州现代史上最大的山火——托马斯大火正在我们身后的山上熊熊燃烧，将数千英亩森林夷为平地，空气中弥漫着灰烬。齐曼说："我们越是朝着尊重非标准性别身份、建立与之相适配的语言的方向前进，遭遇的阻力就越大。"

我向齐曼提出的最后一个问题，也是我问过德博拉·卡梅伦的问题，那就是我们对英语的未来能有什么现实的期待。无性别中性代词要多久才能成为日常用语的一部分？我们真的能发明一套新的女性主义脏话词汇吗？我们会停止憎恶年轻女性、男同性恋者的说话方式吗？街头言语性骚扰和荡妇羞辱会彻底消失吗？

卡梅伦推测这将是一条崎岖的道路。"我认为无性别中性代词——或者至少其中的一个，'they'——会传播开来，它已经在词汇系统里了。但我认为歧视女性的语言仍然不会变少，"她从牛津给我写信说，"不幸的是，这是一个厌女症呈上升趋势的时代，人们的词汇使用反映出了整体的文化情绪。厌女症非但不会被抵制，反而会延续下去。"

就连波士顿伯克利音乐学院（一块田园诗般的自由飞地，里面随处可遇见 18 岁的原声吉他天才）的女性主义学者亚当·塞特拉（Adam Szetela）也认为，我们将面临一段艰难的道路。塞特拉告诉我："我认为女性主义语言这一进步性的变化会遭到——其实已经遭到了——某些强烈反对和抵制。"他的理由是保守右翼及其"极右翼继兄弟"将继续坚定地阻止女性主义价值观在英语中的主流化。塞特拉认为，唐纳德·特朗普的总统任期尤其造成了倒退效应，需要几年时间才能扭转过来。"虽然在某些领域，一些过去可接受的说法现在因变得不妥而被淘汰掉了，但世界上最有权势的人却在日常生活中塑造着性别歧视……而且无须承担任何后果，"他在 2017 年 12 月给我的信中说道，"因此，特朗普时代那些即将成年的年轻男性所接收到的信息是，性别歧视言语是一种社会可接受的与女性联系、互动及谈论女性的方式。"

我甚至看到上述发展趋势的两面——进步的语言改革和随之而来的攻击——在一些无害的地方出现了，比如流行的在线俚语词典"城市词典"（UrbanDictionary.com）。我现在想到的词是"mansplain"。这个流行词的发明要感谢多产作家丽贝卡·索尔尼特（Rebecca Solnit）在 2008 年发表的一篇文章。她在文章中讲述了一件事：她在一次聚会上被迫忍受一个陌生男人居高临下地向她解释一本历史书里的内容，她想让那个男人知道这本书其实就是她写的，却一点插话的机会都没有。索尔尼特个人并没有在文章中直接提出"mansplain"这个词，而在她的文章发表一个月后，这个词第一次出现在 LiveJournal*上的一条评论中，随后它的使用次数激增，先是博客写手，然后是主流媒体，最后进入了人们的日常对话。"mansplain"是一个美丽的合并词，填补了英语中的一个空白，描述的是一个许多女性都熟悉但曾经没有词可以形容的概念。这个词引起了轰动，2010 年，《纽约时报》将其列为年度词语之一。自然，它很快就被收录到了"城市词典"网站上。

然而，如果你在"城市词典"上查阅"mansplain"排在前列的词条解释，会发现没有任何一个准确反映了其本义——至少我写这篇文章的时候是这样。任何人都可以在"城市词典"上创建词条，该网站的所有内容全都来自用户，最热门的词条解释也是由用户投票选出的。从理论上讲，这样可以使我们记录和定义词语的方式更加民主化，但有时事情会出差错。"mansplain"被点赞最多的三个定义如下：

> 1. 基本上指的是男人向女人解释某件事，却因此受到责备。说真的，就算你想，也编不出来。
> 2. 即女人以一种居高临下的态度向男人解释事情。
> 3. 女性主义者［原文如此］用高人一等的口气跟男人说话，只因为他们生而为男。

---

*　一个提供在线写作服务的社交网站。——译注

我敢打赌，这些"定义"是那些受到女性的新能力——她们竟然找到了描述听男人说教时的感受的方法——强烈冲击，以及更喜欢诋毁女性，而不是倾听她们声音的男人们写的。在我看来，他们创建的词条完美证明了一件事：女性，以及所有受压迫群体，是有能力想出新词来表达曾经无法明言的经历的，但有时反对的声音往往大得盖过了进步的声音。

这种事情听起来可能会让人感到挫败，但语言学家仍然乐观地认为，积极的转变很快就会到来。毕竟，虽然"城市词典"对"mansplain"的释义是错误的，但几个月后，我在线上《韦氏词典》（Merriam-Webster.com）找到了这个词，它的词条令人宽慰地写道："以一种居高临下的方式向女性解释某件事，假定她对这个话题一无所知。"这更准确地反映了该词的原意。

在历史上，英语也经历过更大规模的进步运动——对于未来是一个令人鼓舞的迹象。"当女性主义得到广泛支持时，比如20世纪70年代，语言便会朝着更加女性主义的方向发展，"卡梅伦告诉我，"所以我们能做的就是继续为女性主义而战，拒绝被剥夺话语权。"

按照齐曼的说法，这种拒绝在很大程度上意味着，女性十分清楚那些藏在我们的语言使用以及现有语言学研究底下的政治角力。齐曼说："我们不能只是假装在冷静客观地做语言学研究，而没认识到这些事情已然非常政治化了，甚至我们可能还要对此负责。我认为这是一种整体动向……我们的作为会产生影响，而我们要为此负责。"也就是说，就像在20世纪70年代发生过的那样，现在学术界和行动派也正联合起来，这将会是一股巨大非凡的力量。

但并非每个人都是学者。在我个人看来，在如此多的政治阻力中，我们普通人每天能做的最有意义的事情之一就是：学习知识，了解我们言语中每一个受迫害的元素——模糊限制语、句尾升调、咬舌发音、气泡音——背后都有一个合理的、强有力的、可证明的存在理由，然后怀揣着这些知识自信地生活。当有人试图质疑你的声音，或对你使用性别歧视语言时，要清楚地知道他们这样做的动机是什么，以及为什么他们会被误导，这样可以帮助你与他们展开对话。根据我的经验，这是一种惊人的破冰方式，即使你们在其他方面几乎没有共同点。每个人心底里都想知道为什么人们会这样说话，如果你有一些这方面的信息，他们很可能是会听的。

有一次，我在一个朋友的后院烧烤，有一个客人，一个三十出头的男人，穿着灰色西装，戴着一块漂亮的手表，开始向大家讲述他那天早些时候看的新闻节目上的一个女人。他说那个女人把她自己一方的辩论搞砸了，因为她一直不停地说"you know, you know, you know"（你知道，你知道，你知道），让人感觉她好像根本不知道自己在说什么。他说："如果她能不说那句口头禅，我就会听她说话。"听他说话的时候我想起了那位来自上东区的母亲，那位因为我说了"y'all"而指责我的女士。

"我其实对'you know'这个短语略知一二。"我插嘴说。然后我继续告诉这个家伙，"you know"不是一个下意识的填充词，而是一个有目的的话语标记语。我告诉他，女性如何经常用它来展示自信，以及模糊限制语为何是有争议的谈话中建立信任和同情的基本手段，但是由于存在对女性、自信、权威，以及它们之间的关系的种种文化偏见，模糊限制语总会被误解。"说实话，我今晚听你说'you know'可能都有十几次了。"我笑着对那家伙说，"这不是什么坏事。"

我结束简短演讲之后，这个家伙用他那双又大又惊讶的眼睛看着我，非常真诚地说："哇，你这么了解人们的说话方式，真是太酷了。你不管到哪儿肯定都是房间里最有趣的那个人。"

我当然不是任何房间里最有趣的人——谢天谢地。但我讲这个故事的重点是，语言可以成为一个非常有用的切入点，或者说一个平等对话的契机，用以谈论更大的有关性别平等的想法，特别是当你掌握了酷炫的书呆子知识的时候，比如"you know"的使用模式和社会效用。

我们的终极目标是不惜一切代价避免《母语》中描述的反乌托邦式父权未来，努力使我们的文化一点一点地朝与之相反的方向发展。"总体来说我是乐观的。"拉尔·齐曼在电话里满怀渴望地欢呼着告诉我，"我认为文化正在发生变化，这种变化将为那些需要好东西的人带来更多好东西。"

在这一点上，我可以看出齐曼和我真是一个模子里刻出来的——一对天真的语言迷，发自内心（以及头脑）地相信变化就在不远的将来。"我不得不保持乐观才能渡过难关。"他笑着说，"你必须相信这是有可能实现的。"

致 谢

一大批聪明、有才华的人同意让我来写这本书，我感到非常兴奋，有时候感觉内脏都要爆炸了。首先，我要感谢我的超级英雄经纪人，Dunow, Carlson, and Lerner 公司的蕾切尔·沃格尔，她给了我机会，为我指引方向，在我失意时为我鼓气，她彻底改变了我的生活。接下来要感谢我在 Harper Wave 的编辑：技艺娴熟的卡伦·里纳尔迪和机敏的丽贝卡·拉斯金，她们把我塑造成型，推着我把一堆不成熟的想法和网络笑话写成了一本真正的书，教会了我将伴我一生的技能。我对她们感激不尽。

感谢我的父母，世界级的科学家克雷格和丹尼丝·蒙特尔，他们一直对他们不可捉摸的女儿坚信不疑，放手让我追逐我的古怪梦想。感谢你们赋予我坚韧的天赋，感谢你们为我树立了努力工作——以及更努力地玩耍——的榜样，感谢你们总是让我感到你们以我为荣。我也为拥有你们这样的父母而感到骄傲荣耀。

感谢我的小（但个子很高的）弟弟，聪明得吓人的谷歌软件工程师布兰登·蒙特尔，他激发了我的竞争欲，以至于我不得不写一本书，好让自己感觉有机会与他的思想和成就一决胜负。

感谢我聪明、智慧、鼓舞人心的朋友们，尤其是蕾切尔·威甘德，谢谢你阅读这本书的初期草稿，伙计。这可能有点尴尬，但我也想大声感谢我 Instagram 上的粉丝们，在我写作的过程中，他们给我发消息，给我加油——那些私信对我真的太重要了。

感谢我的许多创意导师和精神导师，包括克里·科伦（我认为她是这本书的"生母"）、萨拉·墨菲、赛义德·赛拉菲扎德、布雷特·佩索、丽贝卡·欧茨，以及吉尔·索洛韦——她在我 22 岁时相信我有话要对世界说，尽管基本上没有证据证明我真想说什么，但她还是给了我空间让我畅所欲言。我很敬畏，也很感激。

感谢我在 Clique 公司的老板们，他们让我请了六个月的假来写这本书，之后又张开双臂欢迎我回归。

感谢我那天赋异禀的摄影师朋友凯蒂·诺伊霍夫为我拍摄了作者照片，感谢洛杉矶设计师阿尼·宾让我拍照时穿上那些漂亮的衣服。

感谢我才华横溢的插画师罗斯·王，让书中每个章节看起来如此闪耀特别。

最后，感谢那些知识渊博、聪颖过人的语言学家们为这本书与我谈话，尤其是拉尔·齐曼、德博拉·卡梅伦、索尼娅·莱恩哈特，以及我以前在纽约大学的教授路易丝·O.沃什瓦里，是她首先让我了解了语言和性别这个话题。很多人以为语言学学位毫无实用价值，但是，哼，我的学位成功发挥作用了。我发自肺腑地感激这一切。谢谢，谢谢，谢谢。

图书在版编目（CIP）数据

语言恶女：女性如何夺回语言 /（美）阿曼达·蒙
特尔著；李辛译 . -- 北京：北京联合出版公司，
2024.6（2024.10 重印）
ISBN 978-7-5596-7558-3

Ⅰ . ①语… Ⅱ . ①阿… ②李… Ⅲ . ①语言学—通俗
读物 Ⅳ . ① H0-49

中国国家版本馆 CIP 数据核字 (2024) 第 076016 号

北京市版权局著作权合同登记号 图字：01-2024-1743 号

语言恶女：女性如何夺回语言
作　　者：[美] 阿曼达·蒙特尔
译　　者：李　辛
出 品 人：赵红仕
策划机构：明　室
策划编辑：赵　磊
特约编辑：李洛宁
责任编辑：徐　鹏
装帧设计：曾艺豪 @ 大撇步

北京联合出版公司出版
（北京市西城区德外大街 83 号楼 9 层　100088）
北京联合天畅文化传播公司发行
北京市十月印刷有限公司印刷　新华书店经销
字数 177 千字　880 毫米 ×1230 毫米　1/32　8.25 印张
2024 年 6 月第 1 版　2024 年 10 月第 5 次印刷
ISBN 978-7-5596-7558-3
定价：62.00 元